우리와 함께 살아가는 식물 이야기

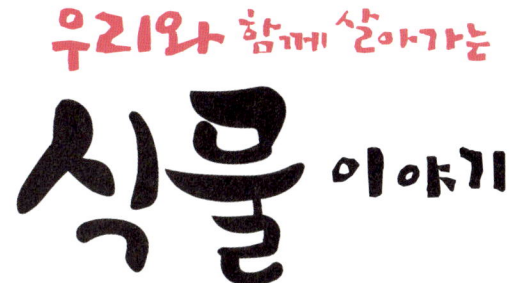

우리와 함께 살아가는 식물 이야기

한영식 글 | 김명길 그림

작가의 말

　방긋~, 꽃봉오리가 예쁜 꽃망울을 터뜨리며 활짝 웃고 있어요. 아름다운 꽃이 가득 피어난 꽃밭은 보기만 해도 저절로 미소가 지어져요. 여러분이 사는 아파트 화단이나 집 주변, 또는 학교 화단을 유심히 살펴보세요. 봄소식을 전하며 한껏 아름다움을 뽐내고 있는 노란색, 흰색, 분홍색 꽃들이 보일 거예요.

　자연은 계절에 따라 모습을 바꾸어요. 봄이 오면 파릇파릇 새싹이 돋고 꽃들이 봄소식을 전해 줘요. 여름이면 풀과 나무가 무성해져서 세상은 온통 초록색이 되고 곡식도 무럭무럭 자라지요. 또 가을이 되면 울긋불긋 단풍이 들어 아름다운 풍경을 만들어 내고 들판은 무르익은 곡식으로 황금색이 됩니다. 겨울이 되면 앙상한 가지를 드러낸 채 다가올 봄을 기다리지요.

　식물은 산소를 만들어 내는 소중한 존재예요. 지구에 사는 인간을 포함한 모든 동물이 날마다 마시는 산소는 바로 식물이 만들어 낸 거예요. 다양한 식물이 사는 울창한 숲이 없다면 지구 생태계는 유지될 수 없어요. 우리가 소중한 식물에 관심을 갖고 보호해야 하

는 이유랍니다.

　관심의 시작은 우리 주변에 어떤 꽃과 풀, 나무가 있는지 찾아보는 거예요. 그런 다음에는 식물의 이름과 생태에 대해 알아보는 것이죠. 하나씩 알아 가다 보면 차츰 보는 눈이 생기고, 애정을 갖게 된답니다.

　지금부터 여러분이 읽을 책 속에는 다양한 식물을 관찰하는 방법과 식물들의 재미있는 이야기가 담겨 있어요. 집 주변의 화단과 공원을 시작으로 논과 밭, 숲 속, 식물원까지, 건우와 함께 아름답고 신비한 식물의 세계로 여행을 떠나 보세요. 여행을 마치고 나면 여러분도 멋진 식물 학자가 되어 있을 거예요.

2012년 12월 한영식

차례

작가의 말   4
화초가 소리를 들어요   8
식물 탐사 지도   10

1. 화단이나 공원에서 만나요
음악을 듣고 자라는 화초   14
초봄에 일찍 피는 들꽃   16
화단에서 자라는 나무   19
공원에 피어난 봄   22
마로니에 공원   24
생물 박사 따라잡기 - 식물이 자라는 데 필요한 조건   28

2. 들판과 산길에서 만나요
햇빛을 좋아하는 양지꽃과 친구들   32
양지바른 무덤 위의 할미꽃과 알록달록 제비꽃   35
방울방울 노란 꽃망울이 달린 나무   38
먹을 수 있는 꽃, 먹지 못 하는 꽃   40
숲 속의 아름다운 야생화   42
식물 박사 따라잡기 - 꽃의 구조와 기능   46

3. 논밭에서 만나요
노란 즙이 나오는 애기똥풀   50
모내기 가는 길   52
들판에 자라는 들꽃   55
계란꽃 개망초와 강아지 꼬리 강아지풀   58
주렁주렁 매달린 농작물   61
식물 박사 따라잡기 - 식물의 구조와 기능   64

4. 연못과 하천에서 만나요

- 학교 연못의 개구리밥과 부레옥잠 … 70
- 습지 공원의 다양한 수생 식물 … 72
- 하천에 핀 코스모스와 해바라기 … 76
- 고마운 수질 정화 식물과 얌체 식물 도꼬마리 … 78
- 바닷가의 사구 식물과 염생 식물 … 81
- 뜰에 핀 여름 야생화 … 83
- 식물 박사 따라잡기 – 식물의 꽃가루받이와 씨를 퍼뜨리는 방법 … 86

5. 산에서 만나요

- 두드러기가 난 식물 … 90
- 아름다운 가을 단풍 … 93
- 소중한 열매 도토리와 고슴도치 밤송이 … 95
- 산에서 자라는 민꽃식물 … 98
- 단풍이 곱게 물든 가로수 … 101
- 식물 박사 따라잡기 – 단풍이 드는 원리 … 104

6. 식물원에서 만나요

- 식물들의 천국, 식물원 … 108
- 산림 박물관 … 111
- 울창한 천연림, 광릉 숲 … 114
- 우리 집 새 식구, 벌레잡이 식물 … 116
- 식물들의 겨우살이 … 118
- 식물 박사 따라잡기 – 식물도감 만들기 … 122

부록 한눈에 보는 식물 친구들 … 125

화초가 소리를 들어요

봄바람이 우리 집 베란다 화원에 봄소식을 전했나 봐요. 화분마다 예쁜 꽃봉오리가 터졌어요. 그런데 어디선가 말소리가 들려요. 귀를 쫑긋 세우고 소리가 나는 쪽으로 갔더니 엄마가 화분에 물을 주며 이야기를 나누고 있어요.

"예쁜 꽃! 무럭무럭 잘 자라렴. 사랑해!"

귀도 없는 꽃이 저 말을 들을 리도 없는데 엄마는 왜 저러실까요? 아빠께 여쭤 보니 식물에게 음악을 들려주면 식물의 세포벽이 떨리면서 소리가 전달된대요. 음악을 들은 식물의 몸속에는 해충을 막는 물질이 만들어져서 해충의 피해도 막을 수 있다고 해요.

앞으로는 식물 앞에서도 말조심을 해야 될 것 같아요. 나쁜 말을 하면 잘 자라지 못할 테니까요.

아빠와 나는 지난 겨울에 멋진 계획을 하나 세웠어요. '우리 동네 식물 탐사 지도'를 만들기로 한 거예요.

다양한 식물을 관찰하려면 식물이 살고 있는 곳에 직접 찾아가야 해요. 식물은 한곳에 뿌리를 내리고 살아서 움직일 수가 없으니까요. 내가 직접 우리 동네 식물 지도를 만든다고 생각하니 벌써부터 뿌듯한 기분이 들어요.

아파트 화단과 공원, 들판과 산길, 논과 밭, 연못과 하천, 숲 그리고 식물원과 수목원에는 아름다운 꽃을 피우는 다양한 풀과 나무가 살고 있어요. 식물을 탐사할 장소를 살펴보고 탐사 계획을 세워 볼까요?

1. 화단이나 공원에서 만나요

음악을 듣고 자라는 화초

"아~암!"

하품을 하며 베란다에 나갔더니, 아빠가 화초 옆에 스피커를 설치하고 계셨어요.

"아빠, 스피커는 뭐하시게요?"

"식물에게 음악을 들려주려고."

아빠도 아직 잠에서 덜 깨신 걸까요? 식물에게 음악을 들려주다니요.

"식물은 귀가 없는데 어떻게 음악을 들어요?"

"아빠가 전에 말해 준 거 잊었어?"

아, 맞아요. 식물은 음악에서 흘러나오는 음파를 느낄 수 있다고 했었죠.

음악을 들으면서 자라는 식물은 생기가 넘치고 쑥쑥 자란대요. 잎 뒷면에 있는 숨구멍도 많이 열려서 공기도 잘 빨아들이고 영양분도 많이 흡수해서 무럭무럭 자라요. 해충을 막는 물질까지 만들어 낸다니 정말 대단해요.

그런데 음악을 들려줄 때 주의할 점이 있어요. 시끄러운 음악은 오히려 식물에게 해를 끼칠 수 있으니, 꼭 잔잔한 음악을 골라야 해요. 이렇게 음악을 이용해 농사 짓는 것을 '그린 음악 농법'이라고 부른답니다. 음악을 이용해 식물을 키우면 농약을 많이 안 써도 돼서 여러 모로 좋아요. 식물은 농약 때문에 괴롭지 않고, 또 사람은 친환경 작물을 먹을 수 있으니까요.

올해 베란다의 엄마표 고추와 토마토는 풍년일 것 같아요. 우리 가족이 세상에서 가장 아름다운 음악 선물을 들려줄 거니까요. 우리 가족의 따뜻한 마음이 전해져서 고추와 토마토가 무럭무럭 잘 자랐으면 좋겠어요.

개별꽃

초봄에 일찍 피는 들꽃

엄마 품처럼 포근한 봄볕이 내리쬐는 아침이에요.

오늘은 아빠와 함께 초봄에 피는 봄꽃을 찾아보기로 했어요. 아파트 현관을 막 나서는데 며칠 전까지도 없던 하얀 꽃이 피어 있었어요.

"아빠, 이 하얀 꽃은 이름이 뭐예요?"

"별꽃이란다. 별꽃, 쇠별꽃, 개별꽃은 이름처럼 별을 닮았다고 해서 붙여진 이름이지."

별꽃 근처에는 냉이와 꽃다지도 살며시 얼굴을 내밀고 있었어요. 냉이는 열매가 하트 모양의 지갑처럼 생겨서 '낭낭지갑'으로 불리기도 하지요. 매우 작은 꽃을 피우는 앙증맞은 꽃마리, 작은 노란 꽃이 피는 뽀리뱅이, 바람에 하늘하늘 흔들리는 봄맞이도 삼삼오오 봄나들이를 나왔어요. 소리 소문 없이 언제 이렇게 꽃을 피웠을까요.

"아빠, 식물은 입도 없는데 무얼 먹고 자라요?"

"입은 없지만 특별한 기술을 갖고 있지."

꽃마리

꽃다지

봄맞이　　　　　　　　　　　　　　　　　별꽃

식물은 스스로 영양분을 만들 수 있어요. 햇빛을 받아 광합성을 하면 몸속에 영양분이 생긴대요. 식물이 왜 햇빛을 좋아하는지 이제 알겠어요. 집에 가면 베란다 구석에 있는 화분을 햇빛이 잘 드는 쪽으로 옮겨 주어야겠어요. 햇빛을 받아 영양분을 많이 만들 수 있게요.

비슷하지만 달라요!

식물과 동물의 차이점

식물(장미)	동물(다람쥐)
자유롭게 움직이지 못하다.	자유롭게 움직인다. (따개비, 산호 등 고착 생활 동물 제외)
광합성을 해서 스스로 양분을 만든다.	다른 먹잇감을 섭취하여 양분을 얻는다.
식물 세포는 세포벽이 있다.	동물 세포는 세포벽이 없다.
평생 동안 계속 자란다.	어릴 때는 빨리 자라지만 일정 시기가 지나면 더는 자라지 않는다.

뽀리뱅이

관찰 일지

날짜 4월 10일	장소 집 주변 화단	관찰 대상 광합성

1. 식물의 광합성에는 무엇이 필요할까?

   - 공기(이산화탄소) : 잎 뒷면의 숨구멍(기공)을 통해 빨아들인다. 이때 산소를 내보낸다.
   - 물 : 뿌리에서 빨아들인 물이 줄기를 거쳐 잎까지 도착한다. 뿌리에서 올라온 물이 기체 상태로 잎 뒷면으로 나가는 현상을 '증산 작용'이라 한다.

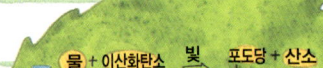

   - 햇빛 : 광합성에 꼭 필요한 빛은 태양이 제공해 준다.

   공기(이산화탄소) + 물 + 햇빛 → 양분(포도당) + 산소

2. 광합성을 하는 장소는 어디일까?

   - 광합성은 잎에 들어 있는 엽록소의 엽록체에서 이루어진다. 엽록체는 식물 세포에만 들어 있다.

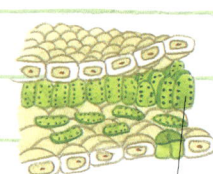

엽록체를 가진 세포

3. 만들어진 영양분은 어디에 사용될까?

   - 식물이 꽃과 열매를 맺는 데 사용된다.
   - 식물을 먹는 초식동물의 먹이가 된다.
   - 광합성때 생기는 산소는 동물의 호흡에 쓰인다.

4. 식물도 동물처럼 숨을 쉴까?

   - 밤 동안 잎에 있는 기공을 통해 산소를 들이마시고 이산화탄소를 내보낸다.

화단에서 자라는 나무

우리 아파트 정원에는 나무가 많아요. 여름이면 시원한 그늘을 만들어 주지요. 오늘은 아파트 정원의 나무들을 살펴보고 이름표를 달아 주기로 했어요.

회양목

"저기 있는 소나무는 늘 푸른 것 같아요."

"저건 소나무가 아니라 잣나무야."

아빠는 소나무와 잣나무 잎을 쉽게 구별하는 방법을 알려 주셨어요. 바늘잎이 소나무는 2개, 리기다소나무는 3개, 잣나무는 5개가 한 묶음이에요.

화단을 빙 둘러싸고 있는 작은 나무는 회양목이라고 해요. 울타리로 많이 쓰인대요. 회양목 옆에는 산처럼 뾰족한 향나무와 동글동글 작은 측백나무도 있었어요. 사계절 푸른 상록수 덕분에 아파트 정원은 늘 활기가 넘쳐요.

모퉁이를 돌아서니 목련 꽃이 함박웃음을 지으며 꽃망울을 터뜨

소나무   리기다소나무   잣나무

자주목련

리고 있었어요.

"아빠, 저 붉은 꽃도 목련이에요?"

"저건 자주목련이야."

자주목련은 백목련과 자목련 사이에서 생겨난 목련이래요. 꽃잎의 바깥쪽은 자주색이지만 안쪽은 백목련처럼 흰색이지요. 봄의 시작을 알리는 목련을 보니 머지않아 활짝 피어날 꽃 세상이 정말 기대돼요.

소나무와 잣나무

비슷하지만 달라요!

소나무	잣나무
바늘잎이 2장이다(이엽송).	바늘잎이 5장이다(오엽송).
나무껍질이 적갈색이다.	나무껍질이 흑갈색이다.
줄기가 구불구불 휘어져 있다.	줄기가 곧게 뻗어 있다.
달걀 모양의 솔방울이 달린다.	기다란 솔방울 모양의 열매가 달린다.

관찰 일지

날짜 4월 15일　　**장소** 집 주변 정원　　**관찰 대상** 상록수

상록수는 소나무, 향나무, 잣나무처럼 1년 내내 푸름을 유지하는 나무를 통틀어 부르는 말이다. '늘푸른나무'라고도 한다. 상록수 중에서 우리나라 사람들이 가장 좋아하는 소나무의 솔은 으뜸을 뜻하는 '수리'가 변해서 된 말로 최고의 나무라는 뜻이다. 그런데 이상하게도 소나무와 같은 상록수 아래에는 다른 식물이 자라지 못하고 동물도 잘 모여들지 않는다. 바로 소나무가 뿜는 피톤치드 때문이다.

그러나 피톤치드 향기는 스트레스를 풀어 주고 알레르기를 예방하며 혈압을 조절해 주는 효과가 있어서 사람들에게 매우 유익하다.

상록수 사진첩

소나무

곰솔

리기다소나무

주목

황금측백나무

향나무

공원에 피어난 봄

라일락

조팝나무

개나리

공원에 나오니 향긋한 꽃향기가 코를 간질거려요. 은은한 꽃향기의 주인공은 라일락이었어요. 옛날에는 향기가 좋은 라일락을 주머니에 넣어서 방향제처럼 사용하기도 했대요.

공원 울타리에는 노란 개나리와 하얀 조팝나무 꽃이 활짝 피었어요. 개나리는 줄기가 3미터 정도이고 가지가 많이 갈라져 빽빽하게 자라서 울타리로 많이 심었어요. 가지를 꺾어 아무 데나 심어도 잘 자라요.

아빠가 떨어진 개나리꽃을 하늘로 날렸더니 프로펠러처럼 빙글빙글 돌며 떨어졌어요.

"우와, 저도 해 볼래요."

아빠와 내가 날린 개나리꽃이 꽃비처럼 내렸어요.

풀밭에는 토끼풀이 예쁘게 피어 있었어요. 토끼풀을 보자 네잎클로버가 생각났어요.

"아빠, 우리 네잎클로버 찾으러 가요."

아빠와 한참 동안 풀밭을 뒤졌지만 네잎클로버는 찾을 수가 없었어요. 실망해서 잔뜩 풀이 죽어 있는데, 아빠가 네잎클로버보다 세잎클로버가 더 좋은 거라고 하셨어요. 네잎클로버는 돌연변이로 태어난 잎이지만 세잎클로버는 건강한 잎이라고요.

세잎클로버의 꽃말이 뭔지 아세요? 바로 '행복'이에요. 나는 친구들에게 선물할 '행복'을 따서 집으로 돌아왔어요.

토끼풀

마로니에 공원

마로니에(가시칠엽수)

담쟁이덩굴

들꽃을 살피며 걷는데 돌에 새겨진 공원 이름이 보였어요.

"아빠, 이것 보세요. 이 공원 이름이 마로니에래요."

"마로니에 나무가 많아서 붙여진 이름이지. 마로니에는 손바닥 모양의 넓적한 잎이 달려 있는 나무야. 찾아볼까?"

마로니에 잎은 내 두 손을 합친 것보다 훨씬 더 컸어요. 손바닥 모양의 잎은 작은잎이 일곱 장 달려 있고, 열매의 가시가 뾰족해서 '가시칠엽수'라고도 부른대요. 조각, 가구, 건축 재료로 사용되는 쓸모 있는 나무예요. 무엇보다 잎이 넓적해서 여름이면 시원한 그늘을 만들어 준답니다.

잠시 벤치에 앉아서 쉬는데 담장을 타고 올라가며 자라는 담쟁이덩굴이 보였어요. 그 모습이 마치 스파이더맨 같아요. 수직의 미끄러운 벽면을 이리저리 자유롭게 올라가요. 담장을 감싸고 있는 모습이 담장에 장식을 한 것처럼 보여요.

왕벚나무

담쟁이덩굴이 벽이나 울타리를 뒤덮고 있으면 기온을 낮춰 줘서 시원하다고 해요. 하지만 모기, 파리 같은 해충이 몰려드는 좋지 않은 점도 있어요.

집으로 오는 길에 꽃 터널을 만났어요. 길가의 벚나무가 꽃을 활짝 피워 온통 꽃 세상이에요. 시원한 봄바람이 불자 우수수 꽃비가 내렸어요. 꽃비 속을 걸으니 예쁜 동화 속 나라에 온 것만 같아요. 벚나무에 피는 벚꽃은 개나리처럼 잎보다 꽃이 먼저 피어요. 꽃이 피어나면 많은 사람들이 꽃길을 걷기 위해 모이고, 곳곳에서 벚꽃 축제가 열려요.

집에 도착해서 마로니에 공원에서 관찰한 꽃과 나무를

공책에 정리했어요. 식물은 곤충이나 동물처럼 움직이지 않아서 오래도록 천천히 관찰할 수 있어요. 그림으로 그릴 수도 있고, 사진을 찍어서 기록으로 남겨 놓기도 편하지요. 이렇게 하나씩 기록해 가다 보면 머지않아 나만의 멋진 식물도감이 만들어지겠죠?

속씨식물과 겉씨식물

속씨식물(무궁화)	겉씨식물(은행나무)
밑씨가 씨방 속에 들어가 있다.	씨방이 없어서 밑씨가 겉으로 드러나 있다.
대부분 꽃잎과 꽃받침이 있고 암꽃과 수꽃이 함께 핀다.	꽃잎과 꽃받침이 없고 암꽃과 수꽃이 따로 핀다.
곤충이나 새가 꽃가루받이를 해 준다.	바람에 날려 꽃가루받이를 한다.

관찰 일지

| 날짜 4월 20일 | 장소 집 주변 정원 | 관찰 대상 가로수와 정원수 |

도시의 길가나 공원에는 가로수와 정원수를 많이 심는다. 자동차 배기가스는 물론 공장과 가정에서 나오는 오염 물질을 정화시키기 위해서다. 가로수와 정원수로 쓰이려면 여러 조건에 맞아야 한다.

1. 오존, 중금속 등 오염된 공기를 깨끗하게 정화시키는 능력이 있어야 한다.
2. 도시의 오염된 공기에 잘 견뎌야 한다.
3. 오염된 공기를 정화시키려면 빨리 자라야 한다.
4. 병충해에 잘 견디고 가지치기에도 잘 견디는 등 생명력이 강해야 한다.
5. 그늘을 만들어 주고 소음도 줄이기 위해 잎이 넓어야 한다.
6. 예쁜 꽃으로 거리를 아름답게 보이도록 해야 한다.

 가로수와 정원수 사진첩

튤립나무

단풍나무

은행나무

칠엽수

마로니에(가시칠엽수)

양버즘나무

식물 박사 따라잡기 — 식물이 자라는 데 필요한 조건

식물의 씨앗은 종류에 따라 달라서 씨앗을 보면 어떤 식물인지 알 수 있다. 씨앗의 색깔과 모양을 돋보기로 관찰하거나 만져 보고, 씨앗을 반으로 잘라서 그 속을 살펴보면 차이점을 발견할 수 있다.
씨앗은 적절한 조건이 되면 싹이 터서 식물이 된다. 씨앗이 싹 터서 잘 자라려면 햇빛, 물, 온도, 공기, 양분 등이 필요하다. 특히 햇빛과 물은 매우 중요해서 둘 중 하나라도 부족하면 씨앗은 싹 트지 못하고 죽고 만다.

씨앗이 싹 트는 조건

씨앗이 싹 트려면 알맞은 양의 물, 적당한 온도(18~25℃), 공기(산소)가 필요하다.

준비물:
페트리 접시   강낭콩   탈지면   물

1. 물
페트리 접시 두 개에 탈지면을 깐 뒤 하나에는 물을 넣고 하나는 물을 넣지 않는다.
: 물을 준 페트리 접시의 강낭콩이 싹 틈

물을 준 페트리 접시   물을 안 준 페트리 접시

2. 온도
페트리 접시 두 개에 물을 적신 탈지면을 넣고 하나는 냉장고에 하나는 밖에 둔다.
: 냉장고 밖에 둔 강낭콩이 싹 틈

냉장고에 넣어 둔 강낭콩   냉장고 밖에 둔 강낭콩

식물이 자라는 데 필요한 조건

식물이 잘 자라기 위해서는 충분한 양의 햇빛, 알맞은 물, 알맞은 온도, 공기, 토양, 양분 등이 필요하다.

1. 햇빛

크기가 비슷한 두 개의 강낭콩 화분을 준비한 뒤 같은 양의 물을 준다.
한쪽 화분은 햇빛이 비치게 그대로 두고, 다른 쪽 화분은 어둠 상자로 가린다.
: 햇빛을 받은 강낭콩은 잎의 색이 진하고 굵게 자라지만, 햇빛을 받지 않은 화분은 잎의 색이 연하고 가늘게 자람

햇빛을 비춘 화분

햇빛을 가린 화분

2. 물

크기가 비슷한 두 개의 화분을 준비한 뒤 햇빛이 잘 드는 곳에 둔다.
한쪽 화분은 물을 주지 않고 다른 쪽 화분에는 물을 준다.
: 물을 준 강낭콩은 잘 자라지만, 물을 주지 않은 곳은 시들고 잘 자라지 못함

물을 준 화분

물을 주지 않은 화분

햇빛을 좋아하는 양지꽃과 친구들

유채꽃

아침부터 서둘러 배낭을 꾸렸어요. 오늘은 예쁜 야생화를 보러 멀리 가는 날이에요. 망원경과 카메라까지 챙기니 모든 준비가 완벽해요.

뒷산 들판에는 유채꽃이 활짝 폈어요. 예전에는 씨앗에서 기름을 얻으려고 많이 심었는데, 꽃이 워낙 예뻐서 요즘은 감상용으로 많이 키우는 꽃이에요.

유채 꽃밭을 지나 한참 산길을 오르니, 산길 주변에 예쁜 노란색 꽃이 있었어요.

"아빠, 이 꽃은 이름이 뭐예요?"

"양지꽃이야. 양지바른 곳에 많이 피는 꽃이지. 여기 양지꽃과 닮은 뱀딸기도 있구나."

"뱀딸기라고요?"

하지만 내 눈에는 모두 비슷해 보여요. 뱀딸기는 뱀처럼 기어가는 줄기가 있어서 붙여진 이름이래요.

"건우야, 꽃과 꽃받침을 잘 비교해 봐. 그럼 다른 점을 알 수 있을 거야."

드디어 찾았어요. 양지꽃은 꽃이 꽃받침보다 크지만, 뱀딸기는 꽃이 꽃받침보다 작았어요. 꽃대 하나에 꽃이 달리는 숫자도 달랐고요. 꽃대에 여러 개의 꽃이 달리면 양지꽃, 하나만 달리면 뱀딸기예요.

양지꽃과 뱀딸기를 겨우 구별할 수 있게 되었더니, 이번에는 양지꽃과 닮은 딱지꽃과 가락지나물이 또 헷갈렸어요.

이번에도 아빠가 쉽게 구별법을 알려 주셨어요. 양지꽃은 잎이

양지꽃

뱀딸기

13장 달리지만 가락지나물은 5장, 딱지꽃은 가느다란 잎이 15~29장 달려 있어요.

양지꽃 주변에서 노란 산괴불주머니도 발견했어요. 꽃차례 모양이 뿔처럼 생겨서 북한에서는 산뿔꽃이라고 불린대요.

들판에는 온통 노란색 꽃이 가득했어요. 곤충은 노란색, 흰색 등의 밝은색 꽃을 더 좋아해요. 그래서 곤충에 의해 꽃가루받이가 되는 식물(충매화)은 노란색과 흰색 꽃이 많답니다.

딱지꽃   가락지나물   산괴불주머니

양지바른 무덤 위의 할미꽃과 알록달록 제비꽃

좁은 오솔길을 따라 산을 오르니 곳곳에 묘지가 있었어요. 오싹한 마음이 들어 지나기를 주저하는데 아빠가 나를 불렀어요.

"건우야, 빨리 와. 여기 예쁜 꽃이 많아."

별로 내키지 않았지만 예쁜 꽃이 피어 있다는 말에 무겁게 발을 옮겼어요.

아빠는 고개를 푹 숙이고 시들어 있는 꽃을 찍고 계셨어요.

"아빠 왜 시든 꽃을 찍어요?"

"시든 게 아냐. 항상 고개를 숙이고 있는 할미꽃이란다."

할미꽃은 꽃대가 구부러져서 마치 할머니의 굽은 허리처럼 보여

할미꽃

제비꽃

요. 꽃이 지고 난 할미꽃은 할머니 머리처럼 하얗게 바뀌지요. 굽은 허리와 하얀 머리가 할머니를 닮아서 할미꽃이라는 이름이 붙었대요.

할미꽃 주변에는 보라색 꽃이 핀 조개나물과 제비꽃도 피어 있었어요.

"아빠, 제비꽃은 이름이 왜 제비꽃이에요? 제비랑 닮지도 않았는데요."

제비꽃은 중국 강남에서 겨울을 지낸 제비가 봄에 우리나라로 날아올 때쯤 꽃이 핀다고 해서 붙여진 이름이래요. 꽃 뒤에 달린 꿀주머니가 오랑캐 뒷머리를 닮아서 오랑캐꽃이라고도 불려요.

제비꽃 종류는 우리나라에만 40종이나 있어요. 고깔제비꽃, 낚시제비꽃, 남산제비꽃, 노랑제비꽃, 단풍제비꽃 등등 제비꽃만으로도 미니 도감 한 권을 만들 수 있겠어요. 한 가지씩 찾아보면서 그 차이점을 알아 가는 것도 재미있을 것 같아요.

관찰 일지

| 날짜 4월 28일 | 장소 집 주변 정원 | 관찰 대상 할미꽃 |

할미꽃은 물기가 적고 양지바른 곳을 좋아해서 무덤 근처에 많이 핀다. 할미꽃은 꽃대가 할머니 허리처럼 굽어 있어서 할미꽃이라는 이름이 붙었는데, 꽃이 지고 흰 털이 달린 씨앗이 맺히는 모습이 '머리가 하얗게 된 늙은이' 같다 해서 한자어로는 '백두옹'이라 한다. 흰 머리카락 같은 솜털 씨앗은 민들레나 개망초처럼 바람에 잘 날아가서 퍼진다.

 할미꽃 사진첩

양지 바른 무덤에 핀 할미꽃

염색 재료로 쓰이는 자주색 할미꽃

할머니 허리처럼 굽은 할미꽃 꽃대

씨가 바람에 날아가서 흰 털이 빠진 할미꽃

할머니 머리카락처럼 변한 할미꽃

할미꽃처럼 씨가 바람에 날아가는 서양민들레

방울방울 노란 꽃망울이 달린 나무

생강나무

꿀벌이 모여드는 생강나무의 꽃

숲에 들어서니 졸졸졸 시냇물 소리가 상쾌해요. 숲 속에도 아름다운 꽃 잔치가 한창이에요. 가장 먼저 눈에 들어온 건 방울방울 노란 꽃이 매달린 나무였어요.

"아빠, 나무 위에 노란 공이 있어요."

"하하, 정말 공처럼 보이네. 저 나무는 생강나무란다."

"생강나무요? 생강이 나무에서 열려요?"

"아니, 우리가 먹는 생강은 땅속에서 자라지."

생강나무는 잎과 줄기에서 생강 냄새가 난다고 해서 붙여진 이름이래요. 냄새를 맡아 보았더니 정말 생강 냄새가 나요. 상쾌하고 기분 좋은 향기예요. 생강나무 씨로는 기름을

짜기도 하는데, 등잔불을 밝히거나 머릿기름으로 썼대요.

"아빠, 저기 커다란 생강나무가 있어요."

"저건 산수유나무야."

키가 조금 더 큰 걸 빼면 생강나무와 산수유나무는 많이 닮았어요. 어떻게 구별할까 고민하다가 좋은 생각이 떠올랐어요. 냄새를 맡아 보는 거예요. 생강 냄새가 나면 생강나무, 냄새가 안 나면 산수유나무인 거죠.

코를 벌름거리며 산수유나무 냄새를 맡는데, 어디선가 벌이 날아왔어요. 깜짝 놀라서 뒷걸음질치다가 엉덩방아를 찧을 뻔했어요. 지난번 갯벌 탐사 때도 나타나서 나를 겁주더니, 숲에도 어김없이 벌이 날아다니네요.

하지만 식물이 열매를 맺을 수 있도록 고마운 역할을 한다니, 무서워도 참아야겠죠?

먹을 수 있는 꽃, 먹지 못하는 꽃

진달래

철쭉

산자락에 분홍색 진달래꽃이 흐드러지게 피어 있었어요. 진달래꽃은 목련이나 개나리처럼 잎보다 꽃이 먼저 피어요.

"건우야, 진달래꽃 먹어 볼래?"

진달래꽃은 먹을 수 있어서 참꽃이라고도 불려요. 시골에 가면 할머니가 이 진달래꽃으로 화전을 부쳐 주시기도 했어요. 화전을 생각하며 꽃을 먹었는데, 별다른 맛이 없어요. 고소한 화전이랑은 다른 맛이에요.

"아빠, 이 진달래는 색깔이 훨씬 연해요."

"그 나무는 철쭉이야."

철쭉과 진달래는 많이 닮았어요. 하지만 진달래와 달리 철쭉꽃에는 독 성분이 있어서 먹으면 안 돼요.

철쭉과 진달래를 구별하는 법은 아주 쉬워요. 잎과 꽃이 함께 피어 있으면 철쭉, 꽃만 피어 있으면 진달래예요. 실수로 철쭉꽃을 먹지 않도록 꼭 기억해야겠어요.

"철쭉은 집 주변에서도 본 적이 있어요."

"맞아. 화단이나 정원에 산철쭉을 많이 심지."

산철쭉은 주변을 아름답게 꾸미기 위해 심는 꽃으로, 아파트 화단이나 도로의 화단에 많이 심어요. 이렇게 원예종으로 개량한 산철쭉을 영산홍이라고 하는데, 노란색, 분홍색, 빨간색 등 꽃 색깔이 매우 다양하답니다.

산철쭉

진달래와 철쭉

비슷하지만 달라요!

진달래	철쭉
4~5월에 꽃이 핀다(3월경에 피기도 함).	5월경에 꽃이 핀다.
잎보다 꽃이 먼저 핀다.	꽃과 잎이 함께 핀다.
'먹는 꽃'이라는 뜻으로 '참꽃'이라 불리며 화전 등을 해 먹는다.	독성이 있기 때문에 먹을 수 없어서 '개꽃'이라 불린다.

숲 속의 아름다운 야생화

현호색

점현호색

"헉헉!"

산을 오를수록 송글송글 땀이 맺히고 숨소리가 거칠어졌어요. 하지만 새로운 식물을 만날 수 있다는 기대를 하며 힘을 냈어요.

숲 속 깊은 곳에도 어김없이 봄이 찾아왔어요. 그림처럼 아름다운 야생화 꽃밭이 우리를 반겼어요.

"아빠, 저 꽃은 산괴불주머니와 닮았어요."

배운 것을 짐짓 아는 체해 보았어요.

"건우가 현호색을 발견했구나. 현호색과 산괴불주머니는 많이 닮았지."

현호색은 분홍색, 연보라색, 하늘색 등으로 꽃 색깔이 여러 가지였어요. 점현호색, 갈퀴현호색, 들현호색 등 종류도 다양했지요.

"건우야, 빨리 와 봐. 여기 정말 예쁜 꽃이 피었구나."

아빠가 발견한 꽃은 꿩의바람꽃이었어요. 꿩 소리가 들리는 산 속에서 봄바람이 불면 피는 야생화라고 해서 꿩의바람꽃이라는 이름이 붙었지요. 숲 속에는 아름다운 야생화를 사진에 담으려는 사

꿩의바람꽃

현호색

람들이 곳곳에 눈에 띄었어요. 나도 바람꽃을 찍으려고 서둘렀어요.

"건우야, 조심해!"

가방에서 사진기를 꺼내다가 꽃을 밟을 뻔했어요.

야생화 사진을 찍을 때는 꽃이 다치지 않도록 특별히 주의를 기울여야 해요. 그렇지 않으면 꽃이 죽어서 내년에는 아름다운 꽃을 볼 수 없게 되니까요.

야생화 사진을 찍는 사람들 중에는 간혹 꽃을 예쁘게 찍으려고 잎을 뗀다거나, 다른 사람이 찍지 못하도록 촬영하고 나서 꽃을 뽑아 버리는 사람들이 있어요. 꽃이 예쁘다고 뿌리째 뽑아서 집으로 가져가는 사람들도 있고요.

아빠는 꽃을 즐기려면 먼저 자연을 사랑하는 마음을 가져야 한다고 하셨어요. 그래야 자연이 우리에게 많은 것을 베푼다고요. 우리 모두 자연을 아끼고 사랑합시다!

바람꽃

관찰 일지

날짜 5월 2일 　 **장소** 숲 속 　 **관찰 대상** 독특한 이름을 가진 숲 속 야생화

숲 속의 봄은 이름 모를 야생화 천국이다. 다양한 예쁜 꽃들이 많이 피어나는데 종류마다 독특한 이름이 붙여져 있다. 독특한 꽃 이름에는 어떤 뜻이 담겨 있는지 알아보자.

 숲 속 야생화 사진첩

얼레지 – 잎에 얼룩무늬가 있어서 이름이 붙여졌으며 나물로도 먹는다.

앉은부채 – 잎이 부채처럼 둥글넓적해서 이름이 붙여졌으며 독성을 갖고 있다.

각시붓꽃 – 각시처럼 예쁜 붓꽃이라는 의미로 이름이 붙여졌으며 산골짜기에 산다.

개별꽃 – 별 모양의 꽃이 피어서 이름이 붙여졌으며 인삼 모양의 덩이뿌리를 갖는다.

산괴불주머니 – 괴불주머니는 오색의 비단 헝겊에 수를 놓아 만든 노리개를 말하며, 산에 많이 피어서 '산' 자가 붙었다.

처녀치마 – 잎이 처녀의 치마를 닮아서 이름이 붙여졌으며 꽃줄기에 꽃이 10송이 달린다.

식물 박사 따라잡기 — 꽃의 구조와 기능

꽃은 씨앗을 만들어 번식하는 기관으로 암술, 수술, 꽃잎, 꽃받침으로 이루어져 있다. 곤충이나 새가 쉽게 발견하여 꽃가루를 옮기기 쉽도록 흰색, 노란색, 붉은색이 많다. 꽃은 곤충을 통해 수분(수술 끝부분에 있는 꽃밥에서 만들어진 꽃가루가 암술머리로 옮겨 붙는 일, 꽃가루받이라고도 함)을 하고 열매를 맺어 번식하며, 곤충은 꽃에서 먹이를 얻는다.

꽃의 구조

암술: 수술의 꽃밥에 있는 꽃가루가 암술에 옮겨지면 씨앗을 만든다. 암술은 암술머리, 암술대, 씨방으로 이루어진다.

꽃잎: 암술과 수술을 보호해 주며 곤충을 유인하는 역할을 한다. 꽃잎이 갈라져 있으면 갈래꽃이고, 하나로 붙어 있으면 통꽃이다.

수술: 수술에 있는 꽃가루가 암술에 옮겨지지 않으면 열매를 맺을 수 없다. 수술은 수술대, 꽃밥으로 이루어지며, 꽃밥 안에 꽃가루가 들어 있다.

꽃받침: 암술, 수술, 꽃잎을 든든하게 받쳐 주는 역할을 한다.

꽃의 종류

꽃은 구조, 꽃잎의 모양, 암수, 수분 방법에 따라 구분된다.

꽃의 구조에 따른 구분	갖춘꽃		암술, 수술, 꽃잎, 꽃받침을 모두 갖고 있는 꽃 : 진달래, 복숭아나무, 개나리, 민들레 등
	안갖춘꽃		암술, 수술, 꽃잎, 꽃받침 중 한 가지 이상이 없는 꽃 : 보리, 호박, 소나무 등
꽃잎의 모양에 따른 구분	통꽃		꽃잎 밑부분이 서로 붙어 있는 꽃 : 나팔꽃, 호박, 민들레, 오이 등
	갈래꽃		꽃잎이 서로 떨어져 꽃받침에 붙어 있는 꽃 : 장미, 벚꽃, 복숭아나무, 목련 등
암수에 따른 구분	양성화		한 꽃에 암술과 수술이 같이 있는 꽃 : 개나리, 민들레, 장미 등
	단성화	자웅 동주	암꽃과 수꽃이 같은 그루에 피는 꽃 : 호박, 소나무, 오이 등
		자웅 이주	암꽃과 수꽃이 다른 그루에 피는 꽃 : 은행나무, 소철 등

3. 논밭에서 만나요

노란 즙이 나오는 애기똥풀

애기똥풀

애기똥풀의 노란 즙

모내기를 하러 가는 날이에요. 물컹물컹한 논에서 거머리가 피를 빨아 먹으면 어쩌나 걱정하고 있는데, 엄마가 무릎까지 올라오는 긴 장화를 주셨어요.

논으로 향하는 길가에는 아까시나무가 가득했어요. 아빠가 하얗게 핀 아까시 꽃을 따서 주셨어요. 씹으니 달콤한 꿀맛이 나요. 꿀벌이 잘 모여드는 이유를 알 것 같아요.

"아빠, 들에 핀 꽃들도 모두 이름이 있겠죠?"

"당연하지. 우리가 모를 뿐이야. 여기 애기똥풀이 피었구나."

아빠가 가리키는 곳을 보니 노란 꽃이 바람에 흔들리고 있었어요.

"애기똥풀이라고요? 이름이 너무 웃겨요."

"줄기를 꺾어 보면 왜 그런 이름이 붙었는지 알 수 있지."

아빠는 애기똥풀의 줄기를 뚝 꺾었어요. 그러자 줄기에서 노란 색깔의 즙이 나왔습니다.

"우와, 정말 애기 똥 색깔이네요."

옛날에는 애기똥풀의 노란 즙을 노란색 물감 대신 사용했대요. 모기나 벌, 송충이 등에 쏘였을 때도 발랐고요. 애기똥풀의 즙은 약간의 독성이 있는데, 그 독성에 통증을 가라앉히는 성분이 들어 있답니다.

애기똥풀보다 키 큰 꽃들도 많았어요. 자주색 꽃이 핀 지칭개와 엉겅퀴예요. 지칭개는 상처 난 곳에 짓찧어 바르는 풀이라 해서 지칭개라고 불려요. 옛날에는 피가 나거나 뼈가 부러진 곳에 지칭개 잎과 뿌리를 짓찧어 붙였대요. 상처 난 곳을 소독할 때도 썼고요.

엉겅퀴는 상처에 딱지가 생겨서 아물게 하는 효과가 있어요. 봄에는 나물로 많이 먹어서 가시나물이라는 별명도 있답니다.

모내기 가는 길

모내기를 하고 있는 논의 모습

모내기한 뒤 논의 모습

아빠는 몇 년 전부터 뜻이 통하는 분들과 힘을 합쳐 친환경 논농사를 짓고 있어요. 올해로 벌써 4년째가 되었지요. 매년 이맘때면 아빠와 아저씨들은 농군으로 변신을 합니다.

올해는 나도 힘을 보태 농사일을 돕기로 했어요. 논에 도착하니 모내기 준비가 한창이었어요.

"저기 네모난 판 위에 있는 풀은 뭐예요?"

"모내기 할 모판이야. 우리가 심을 벼의 모종이란다."

옮겨 심으려고 가꾼 어린 벼를 '모종'이라고 불러요. 모종을 논에 심는 걸 '모내기'라고 하고요.

모내기 할 논에는 물이 채워져 있었어요. 모내기를 마치면 가지런한 모가 논을 예쁘게 장식할 거예요.

드디어 모내기가 시작되었어요. 장화를 무릎까지 올려 신고 모든 준비를 마쳤는데, 대장 아저씨가 맨발로 논에 들어가라고 하셨어요. 장화를 신고 들어가면 논바닥이 망가질 수 있다고요. 거머리가 걱정이 됐지만 벼를 위해 용기를 냈어요.

움푹움푹 발이 빠져서 논바닥을 걷기가 쉽지 않았어요. 우리는 옆 사람 어깨에 손을 얹고 줄지어 들어가서 모내기를 했어요.

더운 햇살을 쬐며 모내기를 하는 건 생각처럼 쉬운 일이 아니었어요. 앞으로는 쌀 한 톨도 그냥 버리면 안 될 것 같아요.

여러 사람이 힘을 모아 일한 덕분에 모내기가 끝났어요. 벼가 무럭무럭 잘 자라서 많은 쌀을 수확했으면 좋겠어요.

"아빠, 저기 옆에 있는 벼는 일찍 심었나 봐요?"

"저건 벼가 아니라 밀과 보리야."

알고 보니 밀과 보리는 밭에 심겨 있었어요. 밀은 세계에서 가장 많이 심는 농작물이래요. 빵, 국수, 과자 등의 원료가 되니까요. 보리는 메주, 된장, 빵 등의 원료가 되지요.

옛날에는 겨우내 쌀이 떨어지고 햇보리를 수확할 때까지 먹을 것이 없어서 배고픔을 달래며 힘겹게 지내야 하는 때가 있었는데, 이를 '보릿고개'라고 불렀대요.

외떡잎식물(보리)	쌍떡잎식물(해바라기)
떡잎이 1장이다.	떡잎이 2장이다.
잎은 나란히맥이다.	잎은 그물맥이다.
뿌리는 수염뿌리다.	뿌리는 곧은뿌리(원뿌리+곁뿌리)다.
관다발은 불규칙적이다.	관다발은 규칙적이다.

들판에 자라는 들꽃

모내기를 하고 한 달이 지났어요. 오늘은 김매기를 하러 논에 가기로 했어요.

"아빠, 김매기가 뭐예요?"

"벼가 잘 자라도록 잡초를 없애는 거야."

벼 주변에 잡초가 많으면 벼가 자라는 데 방해가 된대요. 벼만 있을 줄 알았는데, 논에는 잡초가 생각보다 많았어요.

김매기를 마치고 논 주변을 살펴보았어요. 한 달 전에는 보지 못했던 나팔꽃이 피어 있었어요.

"아빠! 빨리 와 보세요. 나팔꽃이 피었어요."

메꽃

나팔꽃

"그건 메꽃이야."

메꽃은 나팔꽃과 매우 닮았어요. 하지만 자세히 보니 꽃 색깔이 달라요. 메꽃은 연분홍색이지만 나팔꽃은 자주색, 하늘색, 보라색, 흰색 등으로 다양하거든요. 잎 모양도 완전히 달랐어요. 나팔꽃은 잎이 세 갈래로 갈라지지만, 메꽃의 잎은 침 모양으로 뾰족하게 생겼어요. 메꽃의 흰색 뿌리줄기를 '메'라고 하는데 밥 지을 때 솥에 넣고 쪄서 먹으면 고구마 맛이 난대요.

관찰 일지

날짜 6월 5일	장소 들판	관찰 대상 덩굴손을 뻗는 식물

덩굴 식물은 줄기가 하늘을 향해 곧게 자라지 않고 다른 물건을 감거나 붙어서 자라는 식물이다. 덩굴 식물은 줄기가 꼿꼿하게 자라지 않아도 되기 때문에 뿌리를 강하게 하거나 꽃과 큰 열매를 맺는 데 힘을 기울인다.

덩굴손은 어느 방향으로 휘감고 올라갈까? 종류에 따라 덩굴을 감는 방향이 다르다. 나팔꽃, 콩, 호박, 오이는 왼쪽으로 감고, 등(등나무), 더덕, 인동은 오른쪽으로 감는다.

 덩굴 식물 사진첩

둥근잎나팔꽃

메꽃

가시박

호박

담쟁이덩굴

등(등나무)

계란꽃 개망초와 강아지 꼬리 강아지풀

개망초

아빠와 한참 들판을 걷는데 하얀 꽃 한 무리가 피어 있었어요.

"계란 프라이처럼 생긴 저 꽃은 뭐예요?"

"개망초야. 건우가 말한 것처럼 계란꽃이라고도 부르지."

꽃 이름에 '개'자를 쓰는 건 기준 식물과 품질이나 모양이 다르다는 뜻이에요. 망초는 일제 시대에 유독 여기저기 많이도 피어서 나라를 망하게 하는 풀이라는 소문이 돌면서 망국초라 불렸고, 나중에는 망초가 되었어요.

개망초 옆에는 강아지풀이 피어 있었어요.

"여기 강아지풀이 있어요."

아빠는 강아지풀의 보송보송한 털을 귓가에 대고 비벼서 장난치

는 걸 좋아해요.

"왜 강아지풀이에요? 강아지를 닮지도 않았는데요."

"강아지 꼬리를 닮았잖아. 그래서 개꼬리풀이라고도 하지."

아빠는 말이 끝나기 무섭게 큼지막한 강아지풀을 하나 뽑아서 간지럼을 태웠어요. 나는 아빠를 피해 전속력으로 달렸어요. 아니면 간지럼 고문을 당해야 하거든요.

비슷하지만 달라요!

풀과 나무

풀(강아지풀)	나무(대추나무)
부피 생장을 하지 않아 나이테가 없다.	부피 생장을 해서 나이테가 있다.
한번 꽃을 피우고 나면 대부분 죽는다.	여러 해 동안 계속 꽃을 피운다.
겨울이 되면 땅 위의 줄기가 없어진다.	겨울에도 땅 위의 줄기가 그대로 남아 있다.
풀이 많으면 초원이 된다.	나무가 많으면 숲이 된다.

관찰 일지

| 날짜 6월 18일 | 장소 들판 | 관찰 대상 귀화 식물 |

귀화 식물은 우리나라에 들어와서 살게 된 외래 식물을 말한다. 자연적으로 들어온 경우도 있지만 필요에 의해서 들여온 외래 식물도 많다. 귀화 식물은 번식력과 생존력이 매우 강해서 토종 식물에게 큰 피해를 입히기도 한다.

1. 필요해서 들여온 식물
   - 토끼풀, 붉은토끼풀, 미국형개, 망초, 뚱딴지, 물냉이, 분꽃, 데이지 등
2. 오래전부터 우리나라에 살고 있어서 토종 식물로 착각하는 귀화 식물
   - 강아지풀, 환삼덩굴, 닭의장풀, 도꼬마리, 까마중, 마디풀 등
3. 토종 식물을 위협하는 생태계 교란 식물
   - 가시박, 돼지풀, 단풍잎돼지풀, 미국쑥부쟁이, 도깨비가지 등

 귀화 식물 사진첩

개망초

서양민들레

붉은토끼풀

금강아지풀

미국자리공

환삼덩굴

주렁주렁 매달린 농작물

들판에서 돌아오는 길목에 농작물을 기르는 텃밭이 있었어요.

"건우야, 저게 무슨 꽃인지 아니?"

"감자꽃이오."

유치원 때 텃밭에서 감자를 키워서 감자꽃은 잘 기억하고 있어요.

밭에는 벌써 고추와 토마토 열매가 열리기 시작했어요. 호박, 옥수수, 들깨, 콩, 파, 토란, 상추도 자라고 있었어요.

"아빠, 엄청 큰 풀이 있어요."

"건우가 좋아하는 옥수수구나."

커다란 강아지풀처럼 생긴 옥수수는 키는 쑥쑥 자라지만 나무처럼 줄기가 굵어지지 않는 외떡잎식물이에요.

"아빠, 바람에 옥수수가 넘어질 것 같아요."

감자꽃

고추

토마토

상추

옥수수

　내가 심각한 표정으로 묻자, 아빠는 걱정 말라고 하셨어요. 옥수수는 몸을 잘 지탱하기 위해 뿌리를 땅 위로 슬쩍 내밀어 튼튼하게 고정시킨대요. 옥수수는 버릴 것이 하나도 없어요. 맛있는 간식도 되고, 가축 사료로 쓰이는가 하면, 수염은 차로, 옥수수 겨는 화장품 원료로 쓰여요.

　논밭에 자라는 농작물을 보니 이렇게 직접 농사를 지어서 먹으면 좋겠다는 생각이 들었어요. 엄마가 매일 반찬 걱정 하실 일도 없고, 우리 가족이 정성껏 가꾼 농작물이니 농약 걱정도 없고요. 엄마한테 말씀드려서 내년부터는 우리도 주말 농장에서 채소를 키워 볼까 봐요.

관찰 일지

| 날짜 6월 25일 | 장소 실내 | 관찰 대상 수경 재배 |

감자, 가지, 고추, 토마토, 고구마, 호박 등 대부분의 농작물은 땅에 심어서 기른다. 그런데 흙을 사용하지 않고 물에서 기르는 방법도 있는데, 이를 '수경 재배'라고 한다. 수경 재배는 흙에 들어 있는 다양한 영양분을 물속에 넣어서 기르는 방법으로, 병이나 해충이 적어서 아파트 베란다에서 활용하기에 좋다.

1. 수경 재배 식물

콩나물, 토란, 고구마, 양파, 케일, 고추, 고구마, 튤립, 히아신스, 수선화, 바이올렛, 제라늄, 천수국, 디펜바키아, 마리안느, 드라세나 산데리아나 등

수경 재배

2. 수경 재배 방법

준비물 : 뚜껑이 있는 스티로폼 상자, 액상 비료, 스펀지(또는 약솜)

1) 상추 모종을 포트에서 분리하고 흙을 턴 다음 물로 뿌리를 깨끗이 씻는다.

2) 뿌리와 포기의 경계 부분을 스펀지로 감싼 뒤 미리 만들어 놓은 구멍에 상추를 꽂는다.

3) 상자에 물을 4/5 정도 채우고 액상 비료를 섞는다.

4) 물이 탁해지면 물을 모두 갈아 주고, 산소 공급 장치를 설치해도 좋다.

식물 박사 따라잡기 — 식물의 구조와 기능 - 잎, 줄기

잎

1. 잎의 구조

식물의 잎은 잎몸, 잎맥, 잎자루, 턱잎으로 이루어진다.

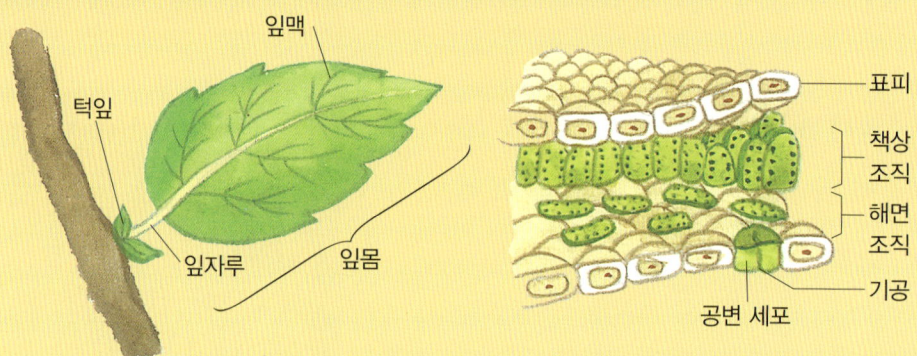

표피 : 잎을 감싸고 있는 한 겹의 세포층으로, 엽록체가 없다.(광합성이 일어나지 않음)
책상 조직 : 엽록체를 가진 세포들이 빽빽하게 배열해 있다. 광합성이 가장 활발하게 일어난다.
해면 조직 : 엽록체를 가진 세포들이 엉성하게 배열해 있다. 기체의 통로를 형성한다.
공변 세포 : 표피 세포가 변한 것으로, 주로 잎의 뒷면에 있다. 엽록체가 있어서 광합성이 일어난다. 기공은 2개의 공변 세포로 이루어져 있다.

2. 잎의 기능

1) 광합성 작용 – 영양분을 합성한다.
2) 증산 작용 – 뿌리에서 올라온 물이 잎의 기공을 통해 빠져나간다.
3) 호흡 작용 – 밤에는 숨구멍(기공)을 통해 숨을 쉰다.

줄기

1. 줄기의 구조와 기능

물관(물이 이동), 체관(양분이 이동), 형성층(부피 생장)으로 구성된다.

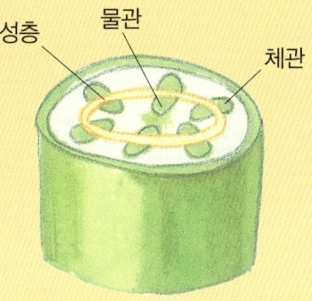

2. 줄기의 종류

기는줄기(딸기) 덩이줄기(감자)

곧은줄기(해바라기)

기어올라가는줄기(담쟁이덩굴)

3. 줄기의 기능

1) 지지 작용 - 잎, 꽃, 열매 등을 부착하고 식물을 지탱한다.
2) 운반 작용 - 물관과 체관을 통해 물과 양분을 잎과 뿌리로 운반한다.
3) 저장 작용 - 광합성으로 만들어진 양분을 저장한다.
4) 호흡 작용 - 줄기에 있는 구멍으로 산소를 흡수한다.

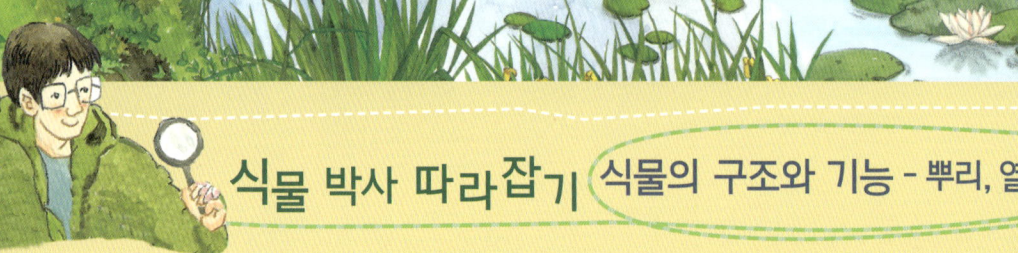

식물 박사 따라잡기 — 식물의 구조와 기능 - 뿌리, 열매, 씨

뿌리

1. 뿌리의 구조
생장점, 뿌리털, 뿌리골무, 생장부로 구성된다.

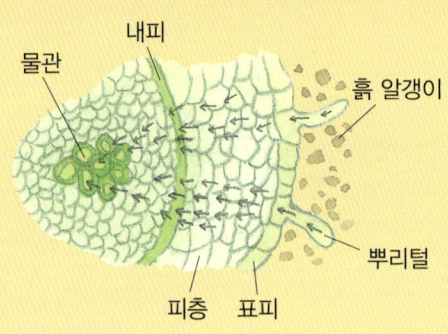
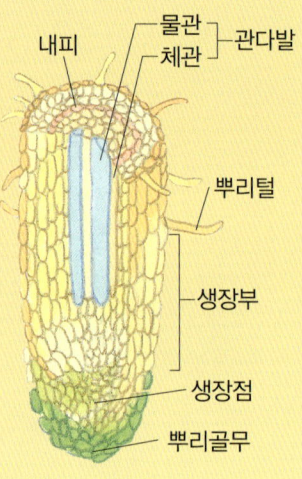

2. 뿌리의 종류

구분		종류
구조에 따른 구분	곧은뿌리	민들레, 강낭콩, 당근, 나팔꽃, 봉선화, 무, 명아주, 호박 등
	수염뿌리	강아지풀, 옥수수, 나리, 밀, 벼, 보리, 대, 바랭이, 붓꽃, 마늘, 파 등
기능에 따른 구분	저장뿌리	고구마, 당근
	공기뿌리	옥수수
	기생뿌리	겨우살이
	부착뿌리	담쟁이덩굴

곧은뿌리 수염뿌리 공기뿌리 저장뿌리

3. 뿌리의 기능
1) 지지 작용 – 식물을 땅속 깊이 고정시킨다.
2) 저장 작용 – 당근, 고구마 등의 식물은 영양분을 뿌리에 저장한다.
3) 호흡 작용 – 흙 속의 산소를 이용해서 숨을 쉰다.
4) 흡수 작용 – 뿌리털에서는 흙 속의 물과 양분을 흡수한다.

열매와 씨
1. 열매와 씨의 구조

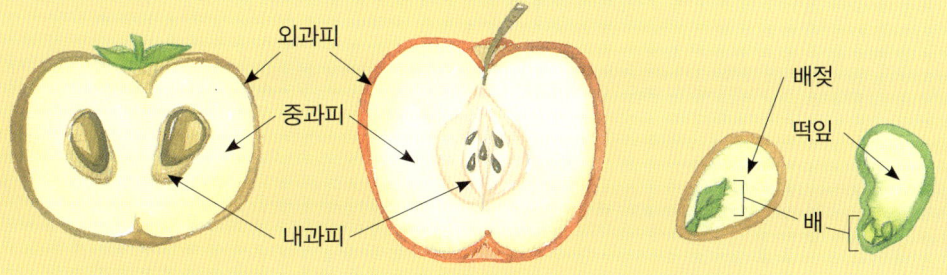

2. 열매의 종류
1) 참열매 – 씨방이 자라서 된 열매(감, 복숭아, 오이 등)
2) 헛열매 – 씨방 이외의 부분이 함께 자라서 된 열매(딸기, 사과, 배 등)

3. 씨의 특징
1) 배젖이 있는 씨 : 배젖에 양분 저장(감, 사과, 벼, 보리, 옥수수 등)
2) 배젖이 없는 씨 : 떡잎에 양분 저장(콩, 강낭콩, 완두, 밤 등)

학교 연못의 개구리밥과 부레옥잠

하늘을 바라보시던 아빠가 큰 한숨을 내쉬었어요. 꽤 오랫동안 비가 내리지 않고 있거든요. 며칠 전 텃밭에서 말라죽은 농작물을 보고 난 뒤라 더욱 걱정이 커요.

오늘은 수생 식물을 관찰하러 가는 날이에요. 첫 관찰 장소는 우리 학교에 있는 인공 연못이에요.

"아빠, 비가 안 오면 물속 생물도 영향을 받아요?"

"그럼. 불어난 녹조류 때문에 물속의 산소가 부족해지면 물고기와 수생 생물이 살기 어려워. 심하면 죽기도 하지."

독성이 있는 남조류는 가축과 야생 동물을 죽일 정도로 무섭대요. 동물이 남조류가 포함된 물을 먹으면 독성에 감염되거든요.

연못에 도착하니 물에 둥둥 떠다니는 풀잎이 눈에 띄었어요. 개구리밥이에요.

개구리밥

개구리밥은 개구리가 사는 곳에 살며 올챙이가 먹고 산다고 해서 개구리밥이래요. 물위에 떠다니며 살기 때문에 부평초라고도 불려요. 잎 뒷면에 있는 5~11개의 뿌리가 추 역할을 해서 바람이 불어도 뒤집히지 않아요.

부레옥잠

부레옥잠도 물 위에 떠 있었어요. 퉁퉁하게 부푼 잎 속에는 공기가 들어 있어요. 물고기 부레처럼 생긴 주머니가 있고 물옥잠을 닮아서 부레옥잠이라고 불리지요.

학교 연못은 아직 큰 피해가 없어서 다행이에요. 하지만 앞으로도 계속 비가 내리지 않으면 이곳의 생물도 살 수가 없을 거예요. 오늘밤에는 빨리 비를 내려 달라고 기도를 해야겠어요.

습지 공원의 다양한 수생 식물

아빠와 나는 좀 더 다양한 수생 식물을 관찰하려고 습지 공원으로 갔어요. 습지 공원의 연못에는 오리와 거위가 둥둥 떠다니고 있었어요.

"아빠, 저기 있는 큰 꽃이 연꽃 맞죠?"

며칠 전에 《효녀 심청》 책을 봤거든요. 그래서 나는 자신 있게 말했어요. 하지만 이번에도 틀리고 말았어요. 연못의 꽃은 연꽃과 닮은 수련이었어요. 왜 이렇게 비슷한 식물이 많은지 알면 알수록 어려워요.

"아빠, 연꽃과 수련은 어떻게 달라요?"

연꽃은 잎과 꽃이 물 위로 올라와서 피지만 수련은 잎과 꽃이 물

위에 둥둥 떠 있는 점이 다르대요. 또 연꽃의 뿌리인 연근은 먹을 수 있지만, 수련 뿌리는 먹지 못해요.

부들

습지 공원에는 내가 처음 보는 수생 식물도 참 많았어요. 가장 신기한 건 소시지처럼 생긴 부들이었어요.

부들은 촉감이 부들거려서 부들이라고 한대요. 꽃가루받이 할 때가 되면 암꽃과 수꽃이 부르르 떨려서 부들이라 부르기도 하고요. 어느 것이 맞는지 모르겠지만 정말 이름을 잘 지은 것 같아요.

연못 건너편에는 축 늘어진 가지를 하늘거리는 버드나무가 있었어요. 버드나무는 어디서나 잘 자라지만 특히 물을 좋아해서 물가에서 흔히 볼 수 있어요. 멀리서 보니 늘어진 가지가 머리를 풀어

버드나무

헤친 귀신 같기도 해요. 옛날 로마 사람들은 버드나무 껍질을 해열제로 사용했어요. 여기에서 아이디어를 얻어서 만든 약이 바로 아스피린이지요. 아스피린은 버드나무 뿌리에서 얻은 성분으로 만든답니다. 자연은 정말이지 사람들에게 놀라운 선물을 주는 것 같아요.

연꽃과 수련

연꽃	수련
잎과 꽃이 물 위로 길게 올라온다.	잎과 꽃이 물 위에 떠 있다.
연분홍색, 흰색의 꽃잎이 넓적하다.	흰색, 붉은색의 꽃잎이 가느다랗다.
뿌리로 반찬을 만들어 먹는다.	뿌리를 먹지 못한다.

비슷하지만 달라요!

관찰 일지

날짜 7월 3일　**장소** 연못과 하천　**관찰 대상** 수생 식물

수생 식물은 서식하는 방법에 따라 부엽 식물, 부유 식물, 침수 식물로 구분된다. 부엽 식물은 뿌리가 물속에 있고 잎이 물 위에 떠 있으며, 부유 식물은 식물 전체가 물 위에 떠서 생활한다. 침수 식물은 물속에 가라앉아서 생활하는 식물이다. 중금속이나 독성 물질로 오염된 물을 깨끗하게 정화시켜 주는 역할을 한다.

 수생 식물 사진첩

노랑어리연꽃

마름

개구리밥

물상추

붕어마름

노랑꽃창포

하천에 핀 코스모스와 해바라기

코스모스

 습지 공원 옆에는 바다로 흘러가는 하천이 있어요. 하천을 따라 한참을 걷는데 잠자리가 길을 안내하듯 내 앞으로 날아갔어요. 잠자리를 따라 도착한 곳에는 예쁜 코스모스 꽃밭이 펼쳐져 있었습니다.

"와, 예쁘다!"

"북한에서는 코스모스를 살살이꽃이라고 한단다."

 바람에 하늘거리는 코스모스를 보니 왜 살살이꽃이라고 불리는지 알 것 같아요. 이리저리 흔들리는 모습이 마치 살살 눈웃음을 치는 것 같았어요.

 가까이 다가가 꽃을 살펴봤어요. 코스모스는 분홍색, 흰색, 붉은색 등 꽃 색깔이 다양했어요. 코스모스를 보면 가을 운동회가 떠올라요. 가을에 피는 대표 꽃이어서 그런가 봐요.

 한쪽에는 해바라기도 피어 있었어요. 태양을 바라보며 자란다고 해서 해바라기라는 이름이 붙었어요. 해바라기가 해를 향하며 자라는 데는 다 이유가 있어요. '옥신'이라는 성장 호르몬 때문인데, 햇빛을 비추면 옥신은 빛의 반대쪽 줄기로 이동해서 줄기를 휘게 만들어요. 그래서 해바라기 꽃이 해를 따라 움직이는 것처럼 보이는 것이랍니다.

해바라기

"아빠 저 꽃은 시든 것 같아요."

공원 한쪽에 힘없이 시들어 있는 꽃이 있었어요. 해 질 녘에 피어서 다음 날 아침에 시드는 달맞이꽃이에요. 달맞이꽃은 밤에 피기 때문에 꽃가루받이도 밤에 활동하는 나방이 도와준대요. 꼭 시간을 내서 밤에 한번 관찰해 볼래요.

밤에 핀 달맞이꽃

고마운 수질 정화 식물과 얌체 식물 도꼬마리

고마리

고마리 뿌리

"넘어지지 않게 조심하렴."

하천 주변 곳곳에는 웅덩이가 많았어요. 웅덩이에는 시커멓게 썩은 물이 고여 있어요. 썩은 물이 튈까 봐 조심조심 발걸음을 옮겼어요.

"작고 예쁜 저 꽃은 뭐예요?"

지저분한 웅덩이 주변에 예쁜 꽃이 피어 있었어요.

"고마운 식물 고마리야."

고마리는 물을 깨끗하게 해 주는 예쁜 마음씨를 가져서 고마리라고 불려요.

"건우야, 고마리 뿌리를 봐. 정말 크지?"

고마리 뿌리는 정말 길고 컸어요. 몸의 3~4배나 되는 커다란 뿌리로 오염된 물을 빨리 정화시켜 주죠.

물을 깨끗하게 만들어 주는 또 다른 식물로는 개구리밥과 부레옥잠이 있어요. 개구리밥은 농경지에서 흘러나온 비료 성분을 흡수해서 맑게 해 주고, 부레옥잠은 질소와 인처럼 물을 오염시키는 물질을 흡수해서 물을 맑게 한답니다.

갈대

　하천 주변에는 바람에 몸을 맡기고 흔들리는 갈대도 많았어요. 갈대는 바다 가까운 강가나 습지에 많이 살아요. 옛날에는 갈대 이삭으로 빗자루를 만들고 초가지붕도 이었답니다.

　수생 식물은 물을 정화시키고 어류, 수서 곤충 등의 서식지가 되는 등 여러 가지 도움을 주지만, 죽으면 주변 생태계에 피해를 끼쳐요. 수생 식물이 죽어서 썩으면 물을 오염시키니까요. 수생 식물이 죽어서 물이 오염되어 산소가 부족해지면 물고기도 떼죽음 당하고 말아요. 물을 깨끗하게 정화해 주는 수생 식물은 하천에 꼭 필요힌 소중한 보물이에요. 그 소중함을 알고 잘 관리해야 할 것

같아요.

 하천변 관찰을 마치고 나왔더니 온몸이 가시투성이예요. 도꼬마리, 도깨비바늘, 미국가막사리 씨앗이 옷에 잔뜩 묻어 있었어요. 가시투성이 씨앗은 사람이나 동물의 몸에 붙어 씨앗을 퍼뜨려요. 아무래도 내가 멀리멀리 씨앗을 퍼뜨려 줘야 할 것 같아요.

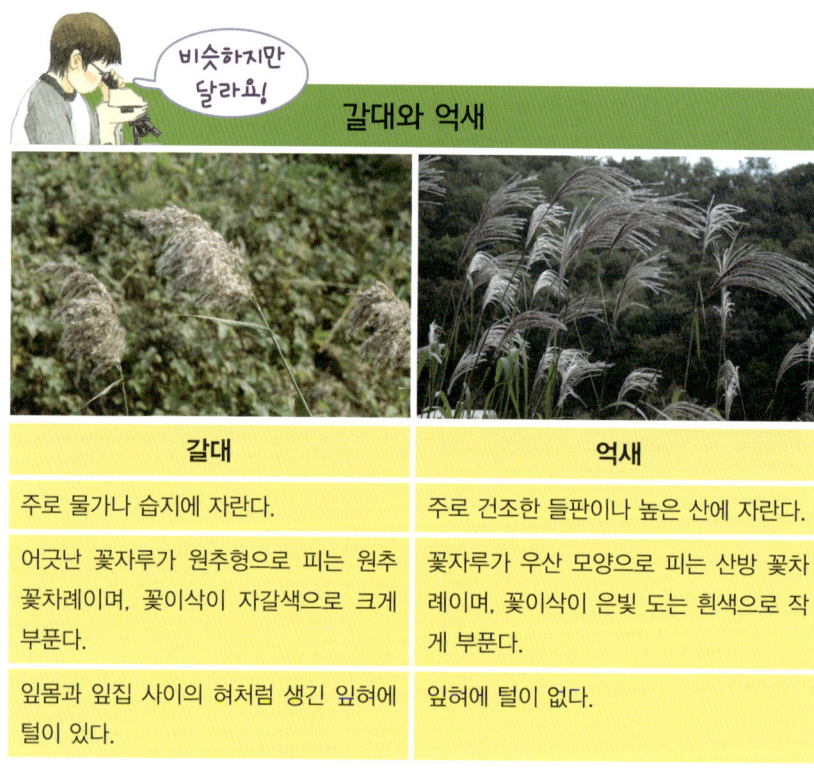

갈대와 억새

갈대	억새
주로 물가나 습지에 자란다.	주로 건조한 들판이나 높은 산에 자란다.
어긋난 꽃자루가 원추형으로 피는 원추 꽃차례이며, 꽃이삭이 자갈색으로 크게 부푼다.	꽃자루가 우산 모양으로 피는 산방 꽃차례이며, 꽃이삭이 은빛 도는 흰색으로 작게 부푼다.
잎몸과 잎집 사이의 혀처럼 생긴 잎혀에 털이 있다.	잎혀에 털이 없다.

바닷가의 사구 식물과 염생 식물

다음 날 우리 가족은 시원한 바닷가로 물놀이를 갔어요. 무더운 여름에는 시원한 바다가 최고예요.

바닷가 해안에는 소나무 군락이 있었어요. 해안에 나무를 많이 심어 두면 강풍으로부터 집이나 과수원, 농작물 등이 피해 입는 걸 막을 수 있어요. 해안가 주변 풀밭에는 참나리, 땅나리, 말나리 등의 다양한 나리꽃이 피었습니다.

갯메꽃

갯질경이

모래사장에도 예쁜 꽃을 피우는 식물이 많았어요. 바닷가에 사는 식물을 해변 식물이라고 해요.

"아빠, 여기에도 메꽃이 있어요."

"바닷가 모래사장에만 사는 갯메꽃이야."

갯메꽃은 메꽃보다 건조한 환경에 잘 견디는 꽃이에요. 갯메꽃처럼 바닷가에 사는 사구 식물(해안이나 모래 언덕에 피는 식물)은 건조한 환경에 잘 견디는 놀라운 능력을 갖고 있었어요. 갯메꽃,

칠면초

퉁퉁마디

갯씀바귀, 갯까치수영, 순비기나무 등이 예쁜 꽃을 피우지요.

"아빠, 바닷물이 들락거리는 곳에도 식물이 살아요?"

염분기가 있는 물이 들락거리고 빗물과도 섞이는 염소지에는 칠면초, 해홍나물, 퉁퉁마디, 갯질경이, 갯쑥 등이 살고 있어요. 퉁퉁마디는 함초라고도 불리는데, 옛날에는 소금으로 쓰이기도 했어요.

바닷가 식물은 지금까지 보았던 어떤 식물보다 생명력이 강한 것 같아요. 강렬한 햇볕도 견디고, 짠물도 이겨 내며 살아가니까요. 식물 올림픽이 있다면 금메달을 딸 것 같아요.

뜰에 핀 여름 야생화

물놀이를 마치고 집으로 돌아가는 길에 분꽃을 발견했어요. 분꽃은 낮에는 꽃을 오므리고, 늦은 오후에 꽃을 피워요. 옛날 어머니들은 시간을 알 수 없을 때 분꽃이 피는 걸 보고 저녁 준비를 하러 갔다고 해요.

"아빠, 여기 봉숭아가 있어요."

봉숭아는 봉선화라고도 불려요. 몇해 전까지 엄마와 나는 여름이면 손톱에 고운 봉숭아물을 들였어요. 첫눈이 올 때까지 손톱에 봉숭아물이 남아 있으면 첫사랑이 이루어진다는 말에 손톱

분꽃

봉숭아

끝의 고운 물을 오래오래 남겨 두곤 했었어요.

여름은 어디를 가나 다양한 식물이 피어 있어 식물 관찰에 더없이 좋은 계절이에요. 하천과 바닷가에 사는 수생 식물과 바닷가 식물 그리고 그 주변에 살아가는 다양한 식물을 관찰한 건 정말 뜻깊은 일이었어요.

한해살이 식물과 여러해살이 식물

한해살이 식물(나팔꽃)	여러해살이 식물(감나무)
한살이 과정이 1년 동안 일어난다.	한살이 과정이 여러 해 동안 일어난다.
모두 풀이다.	풀과 나무가 있다.
봄에 싹이 터서 가을에 꽃이 피고 열매를 맺은 뒤 죽는다.	어린 식물에서 큰 나무로 자란 뒤 꽃이 피고 열매를 맺는다. 겨울을 지내고 다음 해에도 같은 과정을 반복한다.
강낭콩, 나팔꽃, 벼, 봉숭아, 옥수수, 채송화, 코스모스, 강아지풀, 해바라기 등	풀 : 비비추, 국화, 쑥 등 나무 : 장미, 철쭉, 감나무, 개나리 등

관찰 일지

날짜 8월 25일 **장소** 뜰과 정원 **관찰 대상** 이름이 재미있는 야생화

사는 곳, 생긴 모양, 식물의 특성에 따라 이름이 붙여진 이유는 다양하다. 식물 이름의 유래를 알면 그 식물을 보다 잘 기억할 수 있다.

 야생화 사진첩

범부채 – 꽃잎이 표범무늬처럼 알록달록하며 부챗살 모양이다.

괭이눈 – 열매가 익을 때의 모습이 고양이가 눈을 지긋이 감은 것 같다.

주름잎 – 잎이 주름져 있다.

봉선화(봉숭아) – 꽃 모양이 상상 속의 새인 봉황을 닮았다.

나팔꽃 – 꽃이 나팔을 닮았다.

강아지풀 – 강아지 꼬리를 닮았다.

코스모스 – 장식한다는 뜻의 그리스 어 'Kosmos'에서 유래되었다.

백일홍 – 꽃이 백일 동안 필 정도로 오래 핀다고 해서 붙은 이름이다.

닭의장풀 – 닭장 옆에서도 잘 자랄 정도로 생존력이 강하다.

식물 박사 따라잡기 — 식물의 꽃가루받이와 씨를 퍼뜨리는 방법

식물은 서식지를 넓히고 잘 자라기 위해 멀리까지 씨를 퍼뜨린다. 동물처럼 움직이지 못하기 때문에 씨를 퍼뜨리기 위해 다양한 방법을 이용한다.

1. 풍매화
할미꽃, 민들레, 단풍나무 등은 꽃가루가 바람에 날려 씨를 퍼뜨린다. 꽃가루가 작고 가벼워서 바람에 날아가기 쉽다.

2. 충매화
분꽃, 장미, 개나리, 봉숭아, 호박, 무궁화, 해바라기 등은 곤충에 의해 씨를 퍼뜨린다. 곤충을 유인하기 위해 꽃 색깔이 밝고 화려하며 진한 향기를 갖고 있다.

3. 조매화
동백나무, 바나나, 파인애플 등은 새에 의해 씨를 퍼뜨린다. 꽃이 새가 꿀을 빨아 먹기 좋게 생겼다.

4. 수매화
연, 수련, 문주란, 물옥잠 등은 물에 씨앗이 떠내려가서 씨를 퍼뜨린다. 씨앗이 물에 잘 떠내려가며 꽃가루가 물에 흩어지거나 가라앉으면서 꽃가루받이가 된다.

5. 퍼지는 씨

도깨비바늘, 도꼬마리, 쇠무릎, 미국가막사리, 짚신나물, 도둑놈의갈고리 등은 동물의 몸에 붙어 씨를 퍼뜨린다. 동물의 몸에 잘 붙는 가시를 가지고 있다.

6. 머루, 찔레, 광나무, 참외, 수박, 감 등은 동물에게 먹혀서 배설물로 씨를 퍼뜨린다. 동물들이 좋아하는 맛 좋은 열매다.

7. 도토리와 밤은 다람쥐가 숨겨 놓고 잊어버리는 건망증 때문에 씨를 퍼뜨린다. 열매의 숫자가 많아서 씨를 퍼뜨리기 유리하다.

8. 봉선화, 물봉선, 제비꽃, 쥐손이풀, 사갈퀴, 괭이밥, 이질풀, 황새냉이 등은 열매에 탄력성이 있어서 씨앗이 톡 터져서 씨를 퍼뜨린다.
강낭콩, 완두, 팥은 꼬투리가 터져서 씨를 퍼뜨린다.

두드러기가 난 식물

미국쑥부쟁이

벌개미취

무더운 여름이 지나고 가을이 왔어요. 제법 시원한 바람이 불기 시작해요.

"아빠, 들판이 하얀 꽃밭이 되었어요."

"들국화가 가을이 왔다고 알려 주는구나."

가을의 대표 꽃을 뽑는 대회가 있다면 국화가 1등을 할 거예요. 쑥부쟁이, 산국, 감국, 개미취, 구절초, 백일홍 등등 다양한 들국화가 가을 들판을 아름답게 수놓으니까요.

들국화는 꽃을 말려서 차로 마시기도 해요. 감기에 걸리거나 몸에 열이 나면 엄마는 국화차를 끓여 주세요. 국화차 향기를 맡고 있으면 머리가 맑아지는 기분이 들어요.

"아빠, 이쪽으로 와 보세요. 나무가 아픈가 봐요."

나무에 두드러기가 났어요.

나무에 올록볼록 이상한 혹이 달려 있었어요.

"이건 충영이라고 하는 벌레혹이야."

"벌레혹이오? 그럼 이 속에 진짜 벌레가 들어 있어요?"

나무에 생긴 벌레혹

혹벌, 진딧물, 혹파리 같은 곤충이 식물의 몸속에 알을 낳으면 식물은 스스로를 보호하기 위해 분비물을 내보내고, 그 부분이 이상한 모양으로 자라요. 이것을 충영 또는 벌레혹이라고 한대요.

벌레혹은 상수리나무, 졸참나무, 밤나무 등 다양한 나무에 많이 있었어요. 식물의 몸속에 벌레가 자라고 있다니, 징그러운 생각이 드는 한편 곤충의 지혜가 정말 놀라워요.

관찰 일지

날짜 9월 15일   **장소** 산길 주변   **관찰 대상** 벌레혹이 생긴 나무

혹벌, 혹파리, 진딧물 등의 곤충이 알을 낳기 위해 식물을 찌르면 벌레혹(충영)이 생긴다. 식물은 스스로를 보호하기 위해 찔린 부위의 세포 분열을 촉진시키고, 그 부분이 불룩하게 자라는 것이다. 식물에 알을 낳는 곤충의 종류와 곤충이 찔러 넣은 식물의 종류에 따라 다양한 형태의 벌레혹이 만들어진다.

 벌레혹 사진첩

밤나무혹벌

어리상수리혹벌

참나무순혹벌

참나무혹벌

쑥혹파리

사사끼잎혹진딧물

아름다운 가을 단풍

가을 햇볕이 내리쬐는 산길을 지나 숲 속에 들어섰어요. 상쾌한 공기가 내 몸을 감싸 나를 건강하게 만들어 주는 것만 같았어요.

아빠는 숲 속이 시원하고 상쾌한 건 식물의 증산 작용 때문이라고 하셨어요. 증산 작용은 나무의 뿌리에서 빨아올린 물이 기체 형태로 잎의 뒷면에 있는 기공을 통해 식물 밖으로 빠져나가는 걸 말해요. 증산 작용이 일어날 때 식물의 열도 함께 빼앗아 가서 더운 여름날에도 숲 속은 시원한 거라고 하셨어요. 온도가 높고 바람이 강하며 건조할수록 증산 작용은 더욱 활발하게 일어나지요. 숲 속의 나무는 천연 에어컨인가 봐요.

"숲에 사는 동물은 좋겠어요. 나무 덕분에 더운 여름에도 시원하잖아요."

"동물만 좋은 게 아니야. 숲은 사람에게도 아주 소중한 곳이야."

비가 많이 오면 숲은 물을 저장해서 홍수를 막아 준대요. 또 나무의 뿌리는 흙을 꽉 붙잡아서 산사태가 나지 않도록 해요. 그것뿐이 아니에요. 숲은 우리가 마시는 산소를 만들어 내는 공장이에요.

신선한 공기를 마시는 건 모두 숲 덕분이죠.

　가을 산의 가장 큰 매력은 누가 뭐래도 울긋불긋 예쁜 단풍이에요. 화려한 옷으로 갈아입은 산은 우리 눈을 즐겁게 해 주지요.

"아빠, 가을이 되면 왜 나뭇잎이 빨갛게 물들어요?"

"햇빛이 줄어들고 기온이 떨어지기 때문이야."

　가을이 되어 햇빛 줄고 기온이 낮아지면 나무는 나뭇잎과 가지 사이에 층을 만들어 나뭇잎이 물을 공급받지 못하게 해요. 그러면 나뭇잎에 들어 있는 엽록소가 파괴되면서 그동안 가려져 있던 노란색, 갈색 등의 색소가 앞다투어 나오기 시작해서 단풍이 드는 거예요. 곱게 물든 단풍은 책 사이에 끼워서 말린 다음, 예쁜 소품을 만들면 좋아요.

소중한 열매 도토리와 고슴도치 밤송이

"건우야, 나무 중에도 진짜 나무가 있단다."

"진짜 나무요? 진짜 나무라면 진나무?"

오늘따라 아빠의 수수께끼가 너무 어려워요.

"거의 맞혔는데, 아쉽구나. 답은 참나무야."

한 글자 차이로 정답을 못 맞혔네요. 참깨, 참매미, 참숯처럼 진짜에는 '참'이 들어간다는 것만 떠올렸어도 맞힐 수 있었는데…….

도토리

참나무가 이런 이름을 갖게 된 데는 이유가 있어요. 다양한 곳에 쓸모가 많기 때문이에요.

그런데 더욱 놀라운 건 '참나무'라는 이름을 가진 나무는 없어요. 참나무류에 속하는 다양한 종류의 나무가 있을 뿐이죠. 떡갈나무, 졸참나무, 상수리나무, 신갈나무, 갈참나무, 굴참나무 등을 모두 통틀어 참나무라고 부른답니다.

참나무는 비슷하게 생겨서 구별하기가 쉽지 않아요. 잎 모양을 잘 살펴야 구별할 수 있지요. 아빠가 조금씩 다른 참나무 잎을 확

고슴도치 같은 밤송이

밤송이 안의 밤톨

실하게 구별하는 법을 알려 주셨어요.

"참나무 열매는 뭔지 아니?"

"당연하죠. 도토리잖아요."

참나무의 열매인 도토리는 숲 속 생물의 소중한 먹이예요. 다람쥐, 청설모뿐 아니라 새와 반달가슴곰도 도토리를 먹고 살지요.

"앗, 따가워!"

도토리를 주우려다가 그만 밤 가시에 찔리고 말았어요. 밤송이는 마치 웅크린 고슴도치처럼 생겼어요. 밤송이를 벗기니 잘 여문 밤톨 3개가 나왔어요. 세 쌍둥이인가 봐요. 아빠가 알밤을 까서 입에 넣어 주셨는데 정말 맛이 최고예요.

관찰 일지

| 날짜 9월 27일 | 장소 산길 주변 | 관찰 대상 참나무 잎과 열매 |

참나무는 '진짜 나무'라는 뜻을 갖고 있지만 참나무라는 이름을 가진 나무는 없다. 신갈나무, 갈참나무, 졸참나무, 떡갈나무, 굴참나무, 상수리나무 등의 나무를 모두 참나무라고 부른다. 도토리는 참나무의 열매로, 나무의 종류에 따라 열매의 모양도 조금씩 다르다.

굴참나무 잎과 도토리

졸참나무 잎과 도토리

신갈나무 잎과 도토리

상수리나무 잎과 도토리

갈참나무 잎과 도토리

떡갈나무 잎과 도토리

산에서 자라는 민꽃식물

누렇게 익은 벼

쇠뜨기

구불구불한 산길을 따라 내려오니 봄에 모내기했던 논이 보였어요. 시원한 가을 바람에 벼가 넘실넘실 춤을 추고 있네요.

"건우야, 너 쇠뜨기 놀이 해 봤니?"

"쇠뜨기요? 이름이 참 웃겨요."

쇠뜨기는 소가 잘 뜯어먹는 풀이어서 그런 이름이 붙었대요. 아빠가 쇠뜨기 줄기를 뚝 자르시더니 길쭉한 잎을 하나씩 잡아당겼어요. 쇠뜨기는 잎과 줄기의 마디가 모두 하나씩 떨어져요.

"우와, 신기해요. 저도 해 볼래요."

아빠와 나는 쇠뜨기를 뜯는 재미에 푹 빠졌어요. 쇠뜨기는 블록 놀이 같아요. 하나씩 다 뜯었다가 다시 이어 볼 수도 있거든요.

쇠뜨기 옆에는 고사리와 고비, 이끼와 버섯도 보였어요. 고사리, 고비, 이끼, 버섯은 꽃이 피지 않아서 민꽃식물이라고 불러요. 민꽃식물은 씨로 번식하지 않고 홀씨로 번식해요. 홀씨가 단독으로 번식해서 새로운 식물이 만들어지지요. 효모가 혹처럼 생겨나 번식하는 것처럼 말이에요.

버섯

양치식물과 선태식물

비슷하지만 달라요!

양치식물(고사리)	선태식물(솔이끼)
물과 양분이 이동하는 관다발이 있다.	물과 양분이 이동하는 관다발이 없다.
뿌리, 줄기, 잎이 구별된다.	뿌리, 줄기, 잎이 잘 구별되지 않는다.
헛뿌리가 없다.	몸을 고정하는 헛뿌리가 있다.

관찰 일지

| 날짜 10월 15일 | 장소 숲 | 관찰 대상 숲의 식물 |

숲 속 식물은 재미있는 놀잇감이 된다. 식물의 종류가 다양한 만큼 여러 가지 놀이를 즐길 수 있다. 아래에 나와 있는 놀이 말고도 상상력을 발휘해 스스로 재미있는 놀이를 만들어 놀아 보자.

왕관 만들기
떡갈나무 잎

우산 만들기
바랭이

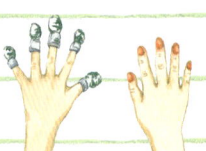
손톱 물들이기
봉숭아

팽이 놀이, 공기놀이
도토리

훈장 만들기
환삼덩굴

거미 만들기
솔방울

홀씨 날리기
민들레

사랑점 쳐 보기
아까시나무 잎

화관 만들기
토끼풀

피리 만들기
버드나무, 민들레, 강아지풀

물방울 굴리기
토란잎, 연잎

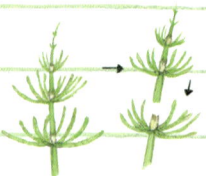
퍼즐 놀이
쇠뜨기

단풍이 곱게 물든 가로수

아파트 옆 산책 길에도 가을이 찾아왔어요. 길을 따라 늘어선 은행나무들이 노란 단풍을 한껏 자랑하고 있었어요.

"은행잎이 노랗게 잘 물들었구나. 은행도 잘 여물고."

"아빠, 어디요? 잘 안 보여요."

"은행나무 가지를 잘 봐."

고개를 젖혀 위를 올려다보니 가지마다 노란 은행이 알알이 달려 있었어요. 땅바닥에 떨어진 은행을 발견하고는 얼른 주웠어요.

"으악! 똥 냄새가 나요."

"하하, 지독하지? 그게 바로 은행 냄새야."

은행나무

은행

거리의 은행나무

은행 나무의 열매는 냄새가 고약했어요. 집에서 엄마가 주실 때는 냄새도 안 나고 고소하기만 했는데, 어쩜 이런 구린 냄새가 날까요.

은행 열매는 천식이나 기침에 아주 좋아서 우리 집도 겨울마다 은행 열매를 볶아 먹어요. 감기 예방 차원이랄까요?

하지만 산업 단지나 도시의 도로 옆처럼 오염이 심한 곳에서 자라는 은행나무의 열매는 먹지 않는 게 좋아요. 공기 속의 오염 물질이 은행 열매에 저장되어 있어서 오히려 건강을 해칠 수 있거든요.

놀이터의 가로수도 멋진 가을 옷으로 갈아입었어요. 초록 빛깔일 때는 모두 비슷했는데 단풍이 들고 나니 나무마다 자기 색을 뽐내고 있어요.

아빠는 나무껍질로 나무를 구별하는 방법을 알려 주시겠다며 탁본을 떠 보자고 하셨어요.

먼저 탁본을 뜰 나무를 정했어요. 나무에 한지를 대고 집에서 준비해 온 솜뭉치에 먹물을 묻혀 한지 위를 가볍게 두드렸어요. 한지에 나무껍질 무늬가 나타날 때까지 꼼꼼히 두드린 뒤 한지를 떼어 냈어요. 잘 말리고 나니 나무껍질 흔적이 그대로 남아 있었습니다.

 아빠 말씀처럼 탁본을 해 보니 나무를 보다 잘 구별할 수 있었어요. 사람마다 지문이 다 다르듯이 나무도 자기만의 지문을 갖고 있나 봐요.

식물 박사 따라잡기 단풍이 드는 원리

가을이 되면 나뭇잎은 붉은색, 노란색, 갈색 등으로 색깔이 변한다. 이처럼 잎의 색이 변하는 것을 '단풍'이라고 한다. 단풍은 가을에 낙엽이 지기 전, 잎 속에 있는 엽록소가 파괴되어 엽록소에 가려져 있던 색소가 겉으로 드러나거나, 잎 속에 있는 물질이 새로운 색소로 바뀌면서 생긴다.

붉은 단풍
붉은 단풍은 잎 속에서 만들어진 영양분이 떨켜 때문에 다른 곳으로 이동하지 못하고 붉은 색소로 변해서 생긴다. 이 붉은 색소를 '안토시아닌'이라고 한다.

노란 단풍
잎이 노랗게 물드는 것은 '카로티노이드'라는 색소 때문이다. 카로티노이드는 늘 잎 속에 있지만, 여름 동안은 초록색인 엽록소에 가려서 보이지 않다가 가을에 엽록소가 파괴되면 그때 제 색깔을 드러낸다.

갈색 단풍
잎이 갈색으로 변하는 것은 빨간 단풍이 생기는 과정과 비슷하다. 이때는 잎 속의 영양분이 갈색을 띠는 '타닌' 성분을 만들어 내기 때문에 잎이 갈색으로 변한다.

단풍이 드는 과정

식물의 잎에는 초록색을 띠는 엽록소라는 물질이 들어 있다. 엽록소는 햇빛을 받아 물과 이산화탄소를 이용하여 영양분을 만든다. 그런데 날씨가 추워지면 햇빛도 줄고 땅이 얼어서 물도 적어지기 때문에 엽록소는 영양분을 만들 수 없게 된다. 그러면 엽록소는 파괴되고, 초록색 엽록소에 가려져 있던 노란색, 갈색 들이 앞다투어 나오기 시작해서 단풍이 드는 것이다.

1. 햇빛의 양이 줄어들고 기온이 떨어지면 나뭇잎과 가지 사이에 떨켜층이 만들어진다.
2. 떨켜층이 만들어지면 나뭇잎은 뿌리에서 물을 잘 공급받지 못한다.
3. 나뭇잎에 들어 있는 녹색 엽록소가 파괴되면서 양이 줄어든다.
4. 엽록소 때문에 보이지 않던 다른 색의 색소가 나타나면서 단풍이 든다.
5. 기온이 더 떨어져 물이 얼면 물이 물관으로 이동하지 못한다.
6. 물이 없어도 증산 작용이 계속 일어나면 잎은 말라서 떨어진다.
7. 떨어진 낙엽은 썩어서 나무에 좋은 거름이 된다.

6. 식물원에서 만나요

식물들의 천국, 식물원

식물원 전경

식충 식물(네펜데스)

오늘은 식물원에 가요. 식물원에 가면 산과 들에서 만나지 못하는 다양한 식물이 한곳에 모여 있어서 관찰하기가 좋아요. 우리나라의 자연에서 만나지 못하는 아열대 식물도 있고, 선인장 같은 다육 식물도 볼 수 있지요.

식물원에 가는 차 안, 인터넷에서 다운받은 식물원 지도를 펼쳐 보니 벌써부터 맘이 설레요.

"식물원에는 얼마나 많은 식물이 살까요?"

"글쎄. 아빠도 그것까지는 모르겠는걸? 건우가 직접 확인해 보면 되겠구나. 건우가 알게 되면 아빠한테도 말해 주렴."

식물원은 식물 박물관 같았어요. 야생화, 허브 식물, 식충 식물, 수생 식물, 덩굴 식물, 아열대 식물, 다육 식물 등등 손에 꼽을 수 없을 만큼 많은 식물이 살고 있었어요.

나는 가장 궁금했던 아열대 식물을 보기 위해 난대 식물원부터

찾았어요. 그런데 들어서자마자 숨이 막혀 와요. 너무 덥고 습했어요.

"와, 여기는 찜질방 같아요."

"아열대 식물은 덥고 습기 많은 환경을 좋아하기 때문이야. 이런 환경을 만들어 주어야 잘 자라지."

아열대 식물은 무더운 더위를 무척 좋아한대요. 무덥고 건조한 곳에 잘 자라는 선인장도 많았어요. 다른 식물에 비해 잎이나 줄기기 통통한 선인장은 다육 식물이라 불러요. 물을 저장하기 위해 굵어졌거든요. 부채선인장, 금호 등 가시가 달린 선인장도 종류가 매우 많네요. 꽃이 핀 선인장이 무척 신기했어요. 야자류, 고무나무,

분재

다육 식물

크로톤 등은 난생 처음 보는 식물이어서 한참을 구경했어요.

　난대 식물원은 습하고 더운 곳에서 사는 식물들에게는 천국이겠지만, 더위를 힘겨워하는 나에게는 지옥 같은 곳이었어요. 서둘러 관찰을 마치고 밖으로 빠져나왔어요. 좋아하는 환경이 서로 달라서 나와 아열대 식물은 친해지기가 쉽지 않을 것 같아요.

산림 박물관

다음 코스는 산림 박물관이에요. 함께 간 수호와 나는 산림 박물관까지 달리기를 하기로 했어요. 넘어지지 않게 조심하라는 아빠의 말씀을 뒤로 하고 전속력으로 내달렸지요. 한참 달리다 보니 엉뚱한 곳에 들어서고 말았어요. 주변이 온통 무궁화였어요. 무궁화는 정원, 학교, 도로변, 공원 등에 널리 심는 우리나라 국화예요.

무궁화

국립 수목원의 산림 박물관

"산림 박물관으로 가랬더니, 무궁화원에 있었구나."

다행히 뒤따라온 아빠가 우리를 발견하셨어요.

"아빠, 무궁화 종류가 엄청 많아요."

"종류가 많은 게 아니라 병충해와 자연재해를 잘 이겨 내도록 품종을 개량한 거야."

무궁화는 흰색, 분홍색, 보라색, 자주색, 청색 등 꽃 색깔이 다양하고 종류가 무려 200가지나 된대요. 7월부터 10월까지 100여

일간 계속 꽃이 피어서 무궁화라고 불려요. 예전에는 무궁화 가지에 진딧물이 잘 꼬여서 재배하기가 어려웠는데 진딧물에 강하도록 품종을 개량해서 요즘은 정원수로 많이 심지요.

산림 박물관은 무궁화원 가까이에 있었어요. 산림 박물관에는 식물, 곤충, 버섯, 동물 등 숲에 사는 생물 표본과 우리나라 산림과 임업의 역사를 한눈에 볼 수 있는 전시물이 있었어요.

산림 박물관을 보고 나니 새삼 자연의 소중함을 느꼈어요. 자연에게 한없이 받기만 할 것이 아니라, 우리도 자연을 아끼고 보살펴야 할 것 같아요.

관찰 일지

| 날짜 11월 2일 | 장소 광릉 숲 | 관찰 대상 그루터기, 벌채목 |

나이테는 계절 변화가 뚜렷한 온대 지방에 사는 나무 줄기 안쪽에 계절이 바뀜에 따라 1년에 하나씩 생겨나는 독특한 무늬로, 이를 통해 나무의 나이를 알 수 있다. 온대 지방에 사는 나무는 봄에서 여름까지는 빨리 자라지만 늦은 여름부터는 자라는 속도가 느려지기 때문에 나이테가 생겨난다. 따라서 1년 내내 계속 자라는 열대 지방의 나무는 나이테가 없다. 나무가 가로로 잘려진 그루터기나 벌채목을 살펴보면 나이테를 쉽게 볼 수 있다.

1. 나무의 나이테로 무엇을 알 수 있을까?

    나무의 나이를 알 수 있다. 오랜 세월 살아온 나무일수록 나이테가 많다. 나이테에 상처가 있으면 산불이나 병충해를 입었다는 증거다.

2. 나이테의 폭은 남쪽과 북쪽 중 어느 쪽이 더 넓을까?

    남쪽이 더 길다. 햇빛을 잘 받는 쪽이 더 빨리 자라기 때문에 남쪽의 나이테 폭이 더 넓다.

3. 나이테는 나무와 풀에 모두 있을까?

    나무에만 있고 풀에는 없다.

울창한 천연림, 광릉 숲

광릉 숲

"아빠, 국립 수목원의 숲은 다른 곳보다 더 울창한 것 같아요."

"천연림이라서 그래."

국립 수목원이 있는 광릉 숲은 사람에 의해 훼손되지 않은 천연림이래요. 광릉 숲은 1468년 조선 시대 세조 대왕의 능림으로 지정된 뒤 540여 년 동안 자연 그대로 보존되고 있어요.

"최고의 숲이면 생물도 많이 살겠네요?"

"광릉 숲은 다양한 생물의 천국이지."

광릉 숲에는 참나무, 서어나무, 물푸레나무, 소나무 등의 나무가 자라고 있어요. 크낙새, 원앙, 참매, 수리부엉이, 소쩍새, 올빼미, 하늘다람쥐, 장수하늘소 등 20여 종의 천연기념물도 살고 있지요. 광릉 특산 식물인 광릉물푸레, 털음나무, 흰진달래, 털사시나무, 중의무릇, 가지복수초, 노랑앉은부채, 광릉요강꽃 등이 살고, 광릉나비나물, 광릉말털이슬, 광릉개고사리 등의 희귀 식물도 자라고 있답니다. 그야말로 우리나라 최고의 숲이죠.

"건우야, 팔로 저 나무를 안아 볼래?"

"혼자서는 안 될 것 같아요."

수호와 함께 나무를 감싸 보지만 모자랐어요. 엄마와 수호 엄마까지 힘을 합쳐야 겨우 안을 수 있었어요. 나이를 짐작할 수 없을 만큼 오래 산 나무예요.

커다란 나무가 살고 있는 숲은 지구에 사는 모든 생물에게 소중한 곳이에요. 숲이 만들어 내는 산소는 지구촌 동물들이 활기차게 살 수 있도록 해 주거든요.

광릉 숲이 앞으로도 지금처럼 소중하게 잘 보전되었으면 좋겠어요. 지금보다 더 많은 생물의 보금자리로 오래오래 우리 곁에 있기를 바라 봅니다.

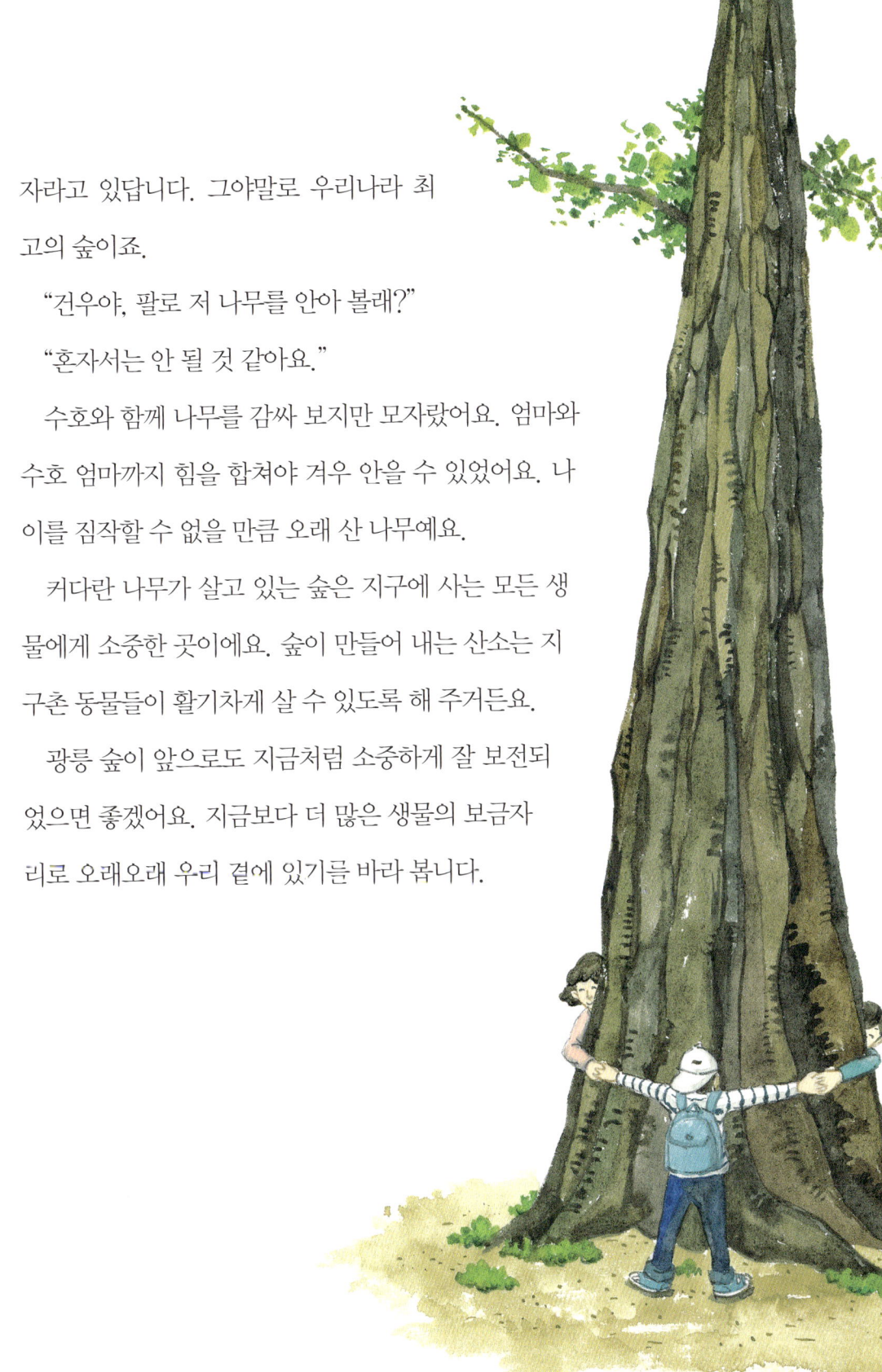

우리 집 새 식구, 벌레잡이 식물

끈끈이주걱

파리지옥

우리 집에 새로운 가족이 생겼어요. 바로 벌레잡이 식물(식충 식물)이에요. 아빠가 꽃박람회 때 보았던 끈끈이주걱을 사 주시기로 했거든요. 화훼 농원에 가는 내내 내 얼굴에는 싱글벙글 미소가 번졌어요. 화훼 농원에는 예쁜 꽃이 가득했어요. 아름다운 꽃 속에 있으려니 마음까지 부자가 된 것 같았어요.

"아빠, 벌레잡이 식물은 어디 있어요?"

"건우 네가 한번 찾아보렴."

벌레잡이 식물은 쉽게 발견할 수 있었어요. 모습이 아주 독특하니까요. 주걱 모양의 잎에 달린 털에서 끈끈한 액체를 분비하는 끈끈이주걱과 감각모가 있는 잎을 닫아 곤충을 잡아먹는 파리지옥도 있었어요. 항아

리 모양의 벌레잡이 통이 매달린 네펜데스도 있었지요.
 어느 것을 고를까 한참 고민하다가 끈끈이주걱과 파리지옥을 데려가기로 했어요.
 엄마가 부탁한 해피트리도 함께 샀어요. 해피트리는 잎에서 우리 몸에 좋은 음이온이 나오고, 실내 습도도 조절해 준대요.
 해피트리와 벌레잡이 식물 덕분에 우리 집 베란다 화원이 더욱 풍성해질 것 같아요. 부디 새로운 가족이 잘 적응해서 행복하게 오래오래 살았으면 좋겠어요.

식물들의 겨우살이

쌩~, 찬바람이 불자 단풍 든 잎들이 거의 다 떨어졌어요. 이제 나무는 여름 동안 입었던 옷을 모두 벗고 겨울 준비에 들어갈 거예요. 늘 푸른 잎을 자랑하는 상록수만 빼고요. 늘푸른나무라고도 불리는 상록수는 잎을 떨구지 않고 겨울을 지내요. 잎이 바늘 침처럼 좁아서 양분을 거의 소모하지 않아요. 그래서 잎을 달고도 겨울을 날 수 있는 거래요.

"나무는 겨울을 어떻게 지내요? 얼어 죽을까 봐 걱정돼요."

"걱정 안 해도 돼. 나무는 자신만의 방법으로 겨울을 나니까. 나무는 겨울을 나기 위해 나뭇잎을 모두 떨군단다. 그리고 나서 몸속의 물을 밖으로 내보내지 않아. 겨울에는 뿌리에서 물을 빨아들이는 게 어렵기 때문이야. 더 이상 물을 빨아들이지 않으면 수액의 농도가 진해져서 기온이 떨어져도 나무는 얼지 않지."

"아빠, 저 나무는 추위를 많이 타나 봐요."

아파트 경비 아저씨가 나무를 볏짚으로 싸매고 계셨어요. 볏짚을 두르는 건 나무를 괴롭히는 벌레를 잡기 위해서래요. 나무를 괴롭히는 벌레는 겨울 동안 따뜻한 볏짚 속으로 자리를 옮기는데, 봄에 그 볏짚을 제거하면 나무를 괴롭히던 벌레들을 한 번에 없앨 수 있다고 해요.

    겨울 식량을 준비하고 보금자리에서 따뜻하게 겨울을 나는 동물과 달리, 식물은 한곳에 뿌리를 내리고 살기 때문에 움직일 수가 없어요. 그래서 식물은 나무처럼 물을 빨아들이지 않거나 풀처럼 로제트 형태로 겨울을 난답니다. 민들레와 냉이는 줄기가

나무를 싸맨 볏짚

로제트 식물

겨울눈

말라죽지만 대신 땅속뿌리 가까운 곳에 잎을 내밀고 추운 겨울을 지내요. 땅에 붙어서 사방으로 나는 잎을 로제트라고 부르지요. 장미 모양의 다이아몬드인 로제트를 닮아서 붙여진 이름이랍니다. 민들레는 땅속 1미터까지 뿌리가 뻗어 있어서 추위나 가뭄에도 끄떡없지요.

이제 찬 서리가 내리고 본격적인 겨울이 시작될 거예요. 겨우내 식물은 다가올 봄에 화려한 꽃을 피우기 위해 긴 기다림의 시간을 보내겠죠? 내년 봄에 만나는 식물 친구들에게는 이름을 불러 주며 반가운 인사를 건네야겠어요.

그러기 위해서 겨울 방학 동안 나만의 식물도감을 만들며 식물 친구들의 얼굴을 미리 익혀 두면 좋을 것 같아요.

벌써부터 봄이 기다려져요.

관찰 일지

| 날짜 12월 20일 | 장소 숲 | 관찰 대상 겨울나기 하는 식물 |

식물은 추운 겨울을 잘 지내기 위해 각기 다른 방법을 이용한다. 겨울눈, 씨앗, 땅속줄기, 로제트 형태로 겨울나기를 한다. 소나무, 잣나무 같은 상록수는 추위에 강하기 때문에 겨울에도 변함없이 그대로 겨울나기를 한다.

 겨울나기 하는 식물 사진첩

겨울눈 – 여러 겹의 껍질에 싸여 추위를 이겨 내는 목련

씨앗 – 씨앗으로 겨울을 나고 봄에 싹이 트는 해바라기

땅속줄기 – 따뜻한 땅속에서 땅속줄기로 추위를 이겨 내는 감자

로제트 – 짧은 줄기와 사방으로 퍼진 잎을 가진 로제트로 겨울을 나는 민들레

상록수 – 푸른 상록수 그대로 겨울을 나는 향나무

식물 박사 따라잡기 　식물도감 만들기

꼬마 식물 학자 되기

학교나 마을 주변의 화단이나 공원, 넓은 들판과 산길, 작물을 기르는 논과 밭, 물이 있는 연못과 하천, 다양한 식물이 살고 있는 숲, 식물을 쉽게 볼 수 있도록 가꾸는 식물원과 수목원에는 다양한 식물이 살고 있다. 지금까지 4,000여 종의 식물이 우리나라에 살고 있다고 밝혀졌다. 여러 식물 학자가 식물을 분류하고 구조를 관찰하며 생태적인 특징과 환경을 연구한 결과다. 식물 학자는 뿌리, 줄기, 잎, 꽃, 열매 등을 조사하고 연구하는 일을 한다. 식물의 특징을 올바르게 찾아내기 위해서 야외 조사 및 채집, 사진 촬영, 현미경 관찰, 채집한 식물 기르기, 식물도감과 인터넷을 활용한다.
이렇게 모인 자료를 바탕으로 식물도감이 만들어진다. 식물도감을 만들기 위해서는 식물 학자와 똑같은 방식으로 관찰하고 연구해야 한다.

식물도감 만들기

학교, 마을, 하천, 텃밭 중 한 곳의 장소를 정해서 그곳에 살고 있는 식물을 관찰하여 식물도감을 만들어 보자. 조사한 식물의 이름과 사진을 넣고 식물의 구조, 특징, 꽃말, 전설, 환경 등을 조사하여 기록하면 나만의 식물도감이 완성된다.

식물도감 만드는 순서

1. 식물도감을 만들 장소를 정한다.(예 : 학교, 마을, 하천, 텃밭, 숲 등)
2. 관찰한 식물 가운데 마음에 드는 몇 가지 식물을 정한다.
3. 선택한 2~3가지 식물의 사진을 찍고 그림을 그린다.

4. 사진과 그림은 잎, 줄기, 꽃, 열매 등의 특징이 잘 보이도록 찍고 그린다.
5. 식물도감이나 인터넷 등의 자료를 이용해서 식물의 이름을 찾는다.
6. 식물의 특징, 꽃말, 전설, 환경의 중요성 등이 있는지 찾아본다.
7. 모아 온 자료를 책의 형태로 만들어 본다.
8. 자신이 만든 식물도감을 발표한 뒤 친구, 친구들과 선생님과 의견을 나누어 본다.

아이세움 열린꿈터 14 우리와 함께 살아가는 식물이야기

펴낸날 2012년 12월 30일 초판 1쇄 | 2022년 12월 20일 초판 13쇄
지은이 한영식 | **그린이** 김명길
펴낸이 신광수 | **CS본부장** 강윤구 | **출판개발실장** 위귀영 | **출판사업실장** 백주현 | **디자인실장** 손현지
아동콘텐츠개발팀 박재영, 전다영 | **출판디자인팀** 최진아, 김현중 | **저작권** 김마이, 이아람
채널영업팀 이용복, 우광일, 김선영, 이채빈, 이강원, 강신구, 박세화, 김종민, 정재욱, 이태영, 전지현
출판영업팀 민현기, 최재용, 신지애, 정슬기, 허성배, 설유상, 정유
CS지원팀 강승훈, 봉대중, 이주연, 이형배, 이우성, 전효정, 장현우, 정보길
펴낸곳 (주)미래엔 | **등록** 1950년 11월 1일 제16–67호 | **주소** 서울시 서초구 신반포로 321
전화 미래엔 고객센터 1800–8890 팩스 541–8217 | **홈페이지 주소** www.mirae-n.com

ⓒ 한영식, 김명길 2012

ISBN 978-89-378-8566-2 74400
ISBN 978-89-378-4604-5(세트)
값 11,000원

* 이 책에 실린 사진은 작가가 제공한 것이므로, 작가의 허락 없이 사용할 수 없습니다.
* 파본은 구입처에서 교환해 드리며, 관련 법령에 따라 환불해 드립니다. 다만, 제품 훼손시 환불이 불가능합니다.

부록

한눈에 보는 식물 친구들

오려서 교과 준비물로 활용하세요

서식지별 대표 식물

1. 아파트 화단과 공원
예쁘게 핀 풀꽃과 나무 꽃을 관찰할 수 있어요. 눈을 크게 뜨고 잘 찾아보면 매우 작은 풀꽃도 찾을 수 있고 향긋한 꽃향기도 맡을 수 있어요.
: 별꽃, 꽃다지, 꽃마리, 봄맞이, 백목련, 자주목련, 소나무, 잣나무, 라일락, 조팝나무, 개나리, 서양민들레, 토끼풀, 마로니에(가시칠엽수), 등나무, 담쟁이덩굴, 벚나무

2. 들판과 산길
들판과 산길에는 알록달록한 꽃들이 많이 자라요. 예쁜 꽃을 관찰하다 보면 꽃을 찾아오는 나비와 꿀벌도 함께 볼 수 있어요.
: 양지꽃, 뱀딸기, 할미꽃, 조개나물, 제비꽃, 생강나무, 진달래, 산철쭉, 현호색, 꿩의바람꽃, 얼레지, 앉은부채, 각시붓꽃, 산괴불주머니

3. 논과 밭
주렁주렁 농작물이 자라는 곳에서는 고추, 감자 등의 작물을 관찰할 수 있어요. 작물에 핀 꽃이 지고 나면 탐스러운 열매가 열리는 모습도 볼 수 있습니다.
: 애기똥풀, 보리, 벼, 메꽃, 나팔꽃, 지칭개, 개망초, 강아지풀, 호박, 붉은토끼풀, 환삼덩굴, 미국자리공, 고추, 토마토, 감자, 상추, 옥수수

4. 연못과 하천
연못이나 습지 공원에서는 다양한 수생 식물을 볼 수 있어요. 물 위에 둥둥 떠다니거나 물과 관련을 맺고 사는 수생 식물을 만나 보세요.
: 개구리밥, 부레옥잠, 연꽃, 수련, 부들, 버드나무, 코스모스, 달맞이꽃, 고마리, 갈대, 억새, 가시박, 갯메꽃, 갯질경이, 칠면초, 퉁퉁마디, 분꽃, 채송화, 봉숭아, 백일홍

5. 숲
울창한 숲에는 단풍이 물든 키 큰 나무가 많아요. 나무에 열린 도토리, 밤 등의 열매와 나무에 생긴 벌레혹도 관찰할 수 있어요.
: 미국쑥부쟁이, 벌개미취, 밤, 쇠뜨기, 버섯, 고사리, 은행나무, 단풍나무, 참나무(도토리)

6. 식물원과 수목원
식물이 자라도록 인공적으로 만든 식물원과 수목원에서는 다양한 식물을 관찰할 수 있어요.
: 다육 식물(선인장), 분재, 무궁화, 끈끈이주걱, 파리지옥, 목련, 갯버들, 해바라기, 봉선화

갈대 벼과	**각시붓꽃** 붓꽃과	**가시박** 박과	**가시칠엽수(마로니에)** 칠엽수과
개구리밥 개구리밥과	**강아지풀** 벼과	**감자** 가지과	**감나무** 감나무과
갯메꽃 메꽃과	**개별꽃** 석죽과	**개망초** 국화과	**개나리** 물푸레나무과
괭이눈 범의귀과	**고추** 가지과	**고사리** 고사리과	**고마리** 마디풀과
꿩의바람꽃 미나리아재비과	**꽃마리** 지치과	**꽃다지** 십자화과	**금강아지풀** 벼과

노랑꽃창포 붓꽃과	**냉이** 십자화과	**나팔꽃** 메꽃과	**끈끈이주걱** 끈끈이주걱과
닭의장풀 닭의장풀과	**달맞이꽃** 바늘꽃과	**단풍나무** 단풍나무과	**노랑어리연꽃** 조름나물과
등(등나무) 콩과	**둥근잎나팔꽃** 메꽃과	**대추나무** 갈매나무과	**담쟁이덩굴** 포도과
무궁화 아욱과	**메꽃** 메꽃과	**마름** 마름과	**라일락** 물푸레나무과
백일홍 국화과	**백목련** 목련과	**미국자리공** 자리공과	**미국쑥부쟁이** 국화과

범부채 붓꽃과	**벌개미취** 국화과	**버드나무** 버드나무과	**뱀딸기** 장미과
보리 벼과	**별꽃** 석죽과	**벼** 벼과	**왕벚나무** 장미과
부레옥잠 물옥잠과	**부들** 부들과	**봉선화(봉숭아)** 봉선화과	**봄맞이** 앵초과
산괴불주머니 현호색과	**붕어마름** 붕어마름과	**붉은토끼풀** 콩과	**분꽃** 분꽃과
소나무 소나무과	**서양민들레** 국화과	**생강나무** 녹나무과	**산철쭉** 진달래과

앉은부채 천남성과	**수련** 수련과	**쇠뜨기** 속새과	**솔이끼** 솔이끼과
억새 벼과	**양지꽃** 장미과	**양버즘나무** 버즘나무과	**애기똥풀** 양귀비과
옥수수 벼과	**연꽃** 수련과	**엉겅퀴** 국화과	**얼레지** 백합과
장미 장미과	**잣나무** 소나무과	**자주목련** 목련과	**은행나무** 은행나무과
조팝나무 장미과	**조개나물** 꿀풀과	**제비꽃** 제비꽃과	**점현호색** 현호색과

진달래 진달래과	**지칭개** 국화과	**주목** 주목과	**주름잎** 현삼과
코스모스 국화과	**칠엽수** 칠엽수과	**칠면초** 명아주과	**채송화** 쇠비름과
튤립나무 목련과	**통통마디** 명아주과	**토마토** 가지과	**토끼풀** 콩과
현호색 현호색과	**해바라기** 국화과	**할미꽃** 미나리아재비과	**파리지옥** 끈끈이귀개과
회양목 회양목과	**황금측백나무** 측백나무과	**환삼덩굴** 삼과	**호박** 박과